青春文庫

世の中は、
「暗黙のルール」に満ちている

㊙情報取材班［編］

青春出版社

〝見えない壁〟の内側で、そんなことが起きていたのか――はじめに

世の中は、暗黙のルールに満ちている。〝見えない壁〟の向こう側には、驚きの世界が広がっている。明文化されていないにもかかわらず、私たちの多くが、「そういうもの」だと思っているルールはなぜ生まれ、定着することになったのか――。

たとえば、寿司屋に行くと熱いお茶が出てくる理由。焼肉店で会計の時に渡されるガムの謎。内閣総理大臣は参議院議員から出ない不思議。「マッチングアプリ」で利用者が守る「不文律」……。

本書は、「その世界」のウラに潜む不思議なきまりごとの数々にとことん迫った。さらに、ルールとして定着しているものの、考えてみればその根拠ははっきりしないきまりごとも取り上げている。人間関係において重要な役割を果たしている暗黙のルールの本質がわかれば、快適に世渡りできるようになるはずだ。

２０２４年６月

㊙情報取材班

世の中は、「暗黙のルール」に満ちている＊目次

Step 1

あのお仕事の暗黙のルールをご存じですか――13

デパートの1階が化粧品コーナーなのはニオイ対策のためだった　14
「内閣総理大臣は参議院議員から出してはいけない」ってどういうこと？　15
コンサルタントが顧客には言わない言葉とは？　16
クリニックの待合室のBGMはなぜオルゴールが多い？　18
食品ロスの元凶になる？　小売店の「1/3ルール」　19
大学の先輩が開業している病院の近くに開業してはいけない!?　21
病院の支払いでキャッシュレス決済が進まない理由　22
セールスレディを簡単に辞めさせない生命保険会社の裏ルールとは？　24
派遣社員を派遣先からさらに別の会社に派遣してはいけない　25
取締中のパトカーに、警察官が1人で乗ってはいけない　27
返品対応する店員がいきなりレシートを確認するのはタブー　28

目　次

「売りたい商品」を陳列棚の右側に置いてはいけない理由　29
おいしい枝豆が店頭に並ぶ「時間帯」の法則　31
同じ商品の陳列スペースが横幅90センチを超えてはいけないワケ　32
衣料品と生鮮食品を近くに並べるのはなぜダメか　33
台風、大雨…悪天候の翌日に店員が休みをとるのはタブー　35
デパートのトイレが目立たないところにあるのはなぜ？　36
病院の近くに薬局がなくてはならないウラ事情　37
銭湯のペンキ絵に描いてはいけない「猿」「夕日」「紅葉」の謎　39
なぜ裁判官は黒い服を着なければならないのか　40
探偵業界の禁じ手「直調」っていったい何？　41
タクシーはなぜガソリンではなくLPガスを使うのか　43
旅行業界で使ってはいけない言葉の法則　44
銀行員がけっして忘れてはならない暗黙の掟とは？　46
マンションのモデルルームに隠されたマジック　47
理容室では前かがみ、美容院では仰向けでシャンプーするワケ　48
国会の議長は、議員を「○○さん」と呼んではいけない　49

美容院の定休日は、なぜ東西で違っている？　50
キャッシュカードやクレジットカードの暗証番号はなぜ4桁？　52

Step 2

日常生活には、見えない掟がいっぱい　53

無神経？　理解不能？　若い世代に嫌われる「トナラー」とは　54
出会いのニューノーマル「マッチングアプリ」の掟　55
Xもインスタも古い!?　Z世代がハマる「BeReal」とは　57
宗教？　政治？　野球？……ビジネスでタブーな話題とは　58
ハンコは傾けて押す？　Z世代には謎過ぎる会社のルール　60
リモート会議のカメラ、マイクをめぐる暗黙の禁止事項　61
リモートワークの誰も教えてくれない服装規定とは？　62
Slack、Email、LINE…場面によってどう使い分ける？　64
入室から退室まで、オンライン会議の本当の作法　65
メルカリに存在する謎ルール3選　67
意外な出品禁止品もあるメルカリで売ってはいけないもの　68

ルールを守ると出遅れる!?　「就活ルール」の謎　70
誰も不快にさせない国際交流でのプロトコールの精神とは？　72
なぜ車の給油口はマフラーと反対側でなければいけないのか　73
薬のネーミングがやけに似ているのはなぜ？　74
窮屈で細かすぎる日本の学校のルールの話　76
サイレンを鳴らさずに救急車に来てもらうことは可能か　77
シャープペンシルやボールペンは禁止！　美術館でのNG行動3選　79
こんなのあり!?　道路交通法の「ご当地ルール」　80
お茶で薬を飲んではいけないその根拠　82
漆器をダメにしてしまう困った洗い方　83
ビールを冷凍庫に入れるのは禁物!?　85
海外の街中で知らない子どもの写真を撮るのはタブー!?　86
雪の日の車の駐車で守らなければいけないこと　87
飲み薬の苦さに隠された業界ルール　89

\ Step /
3

お客が知らない飲食店の不文律とは？ 91

手軽に参入できそうなワンボックスのキッチンカーが少ないのは？ 92
焼肉店でガムを渡される理由は口臭ケアだけじゃなかった 93
ピザもパスタもシェアはNG…ヨーロッパの食事マナーとは 95
食べ放題の店で同じメニューばかり執拗に注文するのはなぜダメか 96
トラブルの元？ ウーバーイーツの「10分ルール」 97
大人がお子様ランチを頼んだら断られる本当の理由 99
寿司屋のお茶が熱いのにはワケがある 100
使い終わったナプキンをきっちりたたんではいけないワケ 101
中華料理のターンテーブルの正しい回し方 103
お酌された時の知っておきたい大原則とは？ 104
おでんの屋台で、ダシ汁を飲むのは〝ご法度〟!? 106
待ち時間が長くても文句は言えないうなぎの謎 107
「わさびは醤油に溶かしてはいけない」は本当か 108
ヘルプについたホステスを口説くのはタブー 110

ホステスに本名を聞いてはいけない本当の理由 111
なぜホステスのお見送りはエレベーターの前までなのか 112
一見さんでも失敗しないバーの〝しきたり〟 114

Step 4 メディア、スポーツ…そこには謎の壁がある 115

サッカーの試合ではリフティングドリブルをしてはいけない 116
自転車レースでは、どうして集団内で先頭を交代する？ 117
初心者がチェックするべき皇居ランのルール 118
卓球の試合で11対0が避けられてきた理由 120
相撲の弓取式で弓を落としてしまった時の正しい〝ふるまい〟とは？ 121
サーフィンでほかの人が乗っている波に後から乗ってはいけない 123
メジャーリーグで背番号「42」を使わないようにしているのは？ 124
相撲や剣道で、勝者はガッツポーズをしてはいけない 125
力士は左手で懸賞金をもらってはいけない 126

登山の前に絶対忘れてはいけないこととは？　128
天気のいい日に新雪の上をスキーで滑るのは危ないワケ　129
オリンピックの日程に隠された深い思惑とは？　130
リアルな世界と変わらない？　意外とシンプルなオンラインゲームの裏ルール　132
パチンコ店の店員が絶対に守らなければいけないルール　134
お化け屋敷のスタッフが絶対やってはいけないこと　135
ルールには書いてないマージャンのタブーあれこれ　137
蛍観賞で守らなければいけない鉄則とは？　138
サウナーが改めて確認すべき、サウナでの暗黙のルールとは　139
歌舞伎で絶対にかけ声をかけてはいけないタイミング　141
能を鑑賞する時は、拍手をしてはいけない　142
海外からの観光客にも大人気のコミケに関する暗黙のルール　144
歯ブラシのテレビＣＭのイメージ図に少し汚れが残っているわけ　146
流行語大賞に選ばれるかどうかの意外な基準　147
相撲がＮＨＫでしか放送されないのはどうして？　149
デビューしたてのアイドルが髪型を変えないそのワケは？　150

芸能レポーターが取材相手にサインをもらわないのはなぜか 151
外から見えない記者会見の「取り決め」の謎 153
アナウンサーのくしゃみはどこからNG? 154
テレビの通信販売で「おまけします」とは言わないワケ 156

\Step/ 5
日本人なら覚えておきたいニッポンの掟 159

神社とお寺で違う参拝のルールとは? 160
京都に見られる古都のしきたり 161
教会での結婚式に紫色の服はタブー 162
弔問の時、けっして言ってはいけないひと言 164
お線香の火を口で吹いて消してはいけない理由 165
お見舞いに持っていってはいけないモノ 167
乾杯する時、左手でグラスを持ってはいけないのはなぜ? 168
こんな日はお葬式をやってはいけない 170

気をつけなければいけない箸の使い方 171
縁起の悪い理由で結婚式の出席を断る時はどうする？ 172
お茶とお菓子、どっちを先にいただくのが正しい？ 174
懐石料理の蓋はひっくり返して置いていい？ 175
使用後のトイレットペーパーの三角折りはもはや過去のマナー 177
客室の布団をきれいに畳むのがＮＧの理由 178
座布団の上に立ち上がるのがとんだ不作法になるのは？ 179
恥をかかないために知っておきたい手紙のきまりごと 180
絶対にやってはいけない重箱の扱い方 182
郷に入っては郷に従え世界各国のタブー選 183
おしぼりでテーブルを拭いてはいけないのはなぜ？ 185
めでたい席ではどうして桜茶？ 186
目上の人を立たせてはいけないのは右か左か 187

カバー・本文イラスト■AdobeStock
制作■新井イッセー事務所
ＤＴＰ■フジマックオフィス

\ Step /

1

あのお仕事の暗黙のルールをご存じですか

デパートの1階が化粧品コーナーなのはニオイ対策のためだった

デパートの地下というと食料品売り場、そして1階には有名ブランドの化粧品コーナーがあるというのがお約束だ。

食料品売り場が地下にあるのは、商品を搬入する駐車場に近いことや、魚をさばく時に必要な給排水設備の工事がしやすいこと、また万が一水漏れしても地下ならほかのフロアに影響しないという理由がある。

一方で、1階が化粧品コーナーとなったのはロンドンの老舗デパートの試みがはじまりだという。

20世紀初めのころ、アメリカの自動車会社のフォードがフォードT型の大量生産を始めるまではヨーロッパの移動手段といえば馬車だった。

馬は機械ではない。エサも食べれば糞もする。ロンドンのおしゃれな石畳の通りには、そこかしこに馬の糞が落ちていて、その臭いはもちろんデパートの中にも容赦なく漂ってくる。そこで、臭い対策のために香りが強い香水などを置く化粧品コーナーを1階に配したのだ。

それまでは、化粧品は下着と同じように堂々と人目にさらすのがためらわれる商品だったというが、デパートの一番目立つ場所に配置することによって女性客を呼び込み、女性の消費を目覚めさせたともいわれている。

「内閣総理大臣は参議院議員から出してはいけない」ってどういうこと?

政治家を志す人なら、誰もが夢見るのが内閣総理大臣のポストだろう。日本のかじ取りができるという意味では何物にも代えがたい仕事といえる。

この内閣総理大臣の地位に就くには国会議員であることが絶対条件だが、じつは参議院議員からは出してはいけないという、暗黙のルールが存在する。

これは、内閣総理大臣が衆議院の解散権を持っていることが大きい。仮に参議院から選出された首相が「民意を問う」と言って衆議院を解散した場合、ほかの議員たちが厳しい選挙戦にさらされるなか、自分だけはのうのうと議員を続けることになる。

これでは首相としての威厳を示せなくなり、与党の大敗につながりかねない。そのせいもあってか、衆議院議員の選挙では、たまに参議院議員がその職を辞して鞍替え出馬することがある。

落選すれば議席を失うリスクもあるが、それでも出馬するのは、衆議院のほうが参議院に比べて政治的な影響力が大きく、内閣総理大臣のポストに一歩近づけるからなのだ。

コンサルタントが顧客には言わない言葉とは？

経営戦略を担う経営コンサルタントや、業務改革を担当するビジネスコンサルタントなど、それぞれの分野でプロフェッショナルな知識を持ち、それを提供するのがコンサルタント業だ。

多くの場合、クライアントから依頼を受けてサポートをしていくわけだが、この時に顧客に向かって絶対に言ってはならないのが「わかりません」「知りません」である。

なぜなら、クライアントは「コンサルタントなんだから何でも知っているはず」という先入観を持っているからだ。しかも、多額の報酬を払っているのでかなり高度な要求もしてくる。

だから、コンサルタントが自分の知識のなさを露呈する言葉を自ら口にすることは、顧客の信頼を損ねるだけでなく、顧客そのものを失うことにもつながってしまう。これらのふたつの言葉は、業界では禁句とされているのだ。

優秀なコンサルタントであれば、その代わりに「申し訳ありませんが、それについては詳細を把握していないので、少々お待ちいただけますか？」とか「調査をしてみますので、少々お待ちください。」などと言って切り抜ける。口が裂けても「私にはわかりません」とは言わないはずだ。

コンサルタントが「わかりません」と言ってしまうのは、外科医が「手術できません」と言うのに等しいと思っていいだろう。

クリニックの待合室のBGMはなぜオルゴールが多い？

眼科や歯科、内科などのクリニックの待合室では、BGMとしてオルゴールのメロディが静かに流れているところが多い。音楽は人によってジャンルや曲調に好き嫌いがあるので、できるだけ万人受けするオルゴールの音楽を選んでいるのだろうか。

たしかに体調が悪かったり、痛みがある時にゆったりとしたオルゴールの曲を聴いていると、少しは気分が落ち着いてくる気もする。

じつは、オルゴールの音にはストレスを低下させ、リラックスさせる癒やしの周波数が含まれているという。

オルゴールは、櫛の目のように刻まれた金属の振動板が突起を弾いて音が出る構造になっている。この響きのなかには、人間の耳では聴こえない20キロヘルツ以上の高周波音が含まれていて、振動が視床下部に届くと脳の血流がよくなり、リラックスするのだという。実際にこのような効果を利用した「オルゴールセラピー」という治療法もあるのだ。

とはいえ、治療としての効果が得られるのはあくまでも生のオルゴールの音であって、音楽CDでは人間が聴こえない周波音はそもそも再生できない仕様になっている。残念ながら癒やしの高周波音は含まれていないのだ。

それでもオルゴールの音楽をかけているのは、少しでも気分を和らげてほしいというクリニック側の心遣いなのかもしれない。

食品ロスの元凶になる？小売店の「1/3ルール」

フードロスが大きな社会問題になってから久しいが、大手スーパーなどでは賞味期限が近づいた食品を「見切り品」として安価で販売するなどの意識改革も進んでいる。

ところで、食品業界で2000（平成12）年ごろから暗黙の業界ルールとして守られてきたものに、$\frac{1}{3}$ルールがある。これがフードロスの大きな原因になっているとして問題提起がされてきた。

賞味期限が6ヶ月のものを例にとると、まず2ヶ月以内に卸から小売店に出荷されなかった商品はメーカーに返品される。さらに、小売店でも2ヶ月以内に売れなかったものは返品もしくは廃棄されるのだ。

あくまでも業界ルールに過ぎない$\frac{1}{3}$ルールのせいで、賞味期限内の商品が大量に廃棄される事態になってしまったのである。

その状況を変えるべく、納品期限を延長したり、賞味期限自体を延長するといった試みや、子ども食堂やフードバンクへの寄付、冒頭で触れた見切り品としての販売など、さまざまな改革がされつつある。

同時に、少しでも新しいものを求める消費者マインドの変化も必要だ。賞味期限内のものは十分食べられる商品なのだから、陳列棚の奥から新しい商品を引っ張り出すような行為は控えたいものだ。

大学の先輩が開業している病院の近くに開業してはいけない!?

かつて大学病院を「白い巨塔」に例えた小説があったように、一般の人たちにとって医師の世界はどこか違う国の話のような浮世離れした感がある。出身大学や実家の職業など、さまざまな要素が絡み合うようにも思えるのが想像力を掻き立てられる要因かもしれない。

実際に、そこには暗黙のルールや、踏んだら身の破滅となる〝地雷〟がところ狭しと存在するのだ。

たとえば、勤務医として病院に勤めていた医師が、開業する時に気をつけなければならないのが、自らの出身大学の先輩が開いている病院の近くには開業しないということだ。この場合、近くというのは病院から500メートル程度といわれるが、当然明確なきまりはない。

法律や条例で決まっているわけではない以上、隣に開業したとしても何ら問題ではないのだが、先輩から物言いがつく可能性がある選択肢を選ぶのは得策ではないだろう。

しかも、大学の同窓会という大きなつながりを考えたら、協力を仰げる関係性は保ちたい。それゆえ、開業をめざす医師なら誰しもが、ドクターマップと首っ引きで不動産物件を探すのである。

病院の支払いでキャッシュレス決済が進まない理由

庶民の間にすっかりなじんだ感のあるキャッシュレス生活。クレジットカードはもとより、コード決済の手軽さを一度覚えると、いちいち財布から現金を出すことほど億劫なものはない。

それでも、なかなかキャッシュレス化の波が届かない場所もある。病院などはその一例だ。

もちろん、なかにはキャッシュレスが可能なところもあるが、まだまだ現金以外は受けつけないという病院や医院も多い。

その理由のひとつには、「キャッシュレスによるポイント還元やキャッシュバックは事実上の割引に該当するため、国民皆保険という国民平等の制度においてふさわしくない」という考えがあるようだ。

たしかにクレジットカードやコード決済では、利用額に応じてポイントが溜まったり、しばしばキャッシュバックキャンペーンなども行われる。診療費は額が大きいケースも多いし、現金で支払う人との損得の差が生まれてしまうのは事実だ。

また、キャッシュレス決済は加盟側が2～3パーセント程度の手数料を支払う必要がある。最近では病院向けに手数料1パーセント台のキャッシュレス決済サービスも登場してはいるのだが、規模の小さな個人病院や医院ではその負担すらも大きい。

さらに、キャッシュレス決済になじみのない高齢の利用者が多いことも導入を急がない理由になり得る。病院に行く時に、財布に現金を入れておく必要はまだまだありそうだ。

セールスレディを簡単に辞めさせない生命保険会社の裏ルールとは？

最近ではネット保険の台頭がめざましいが、生命保険会社の営業といえば、一般の家庭や企業を愛想よく訪問するセールスレディ（生保レディ）の姿が真っ先に思い浮かぶ。

セールスレディのルーツは戦後の夫を亡くした女性の就労対策であり、今もその名残りが強いのか圧倒的に女性のほうが多い。

生命保険会社は各支社にリーダーがいて、その下で多いところでは20～30人程度のセールスレディが勤務しているが、ノルマがある仕事だけに途中で音を上げる社員も少なくない。

ところが、巷では生保のセールスレディは辞めたくても辞められない仕事として知られている。これには業界特有の事情がからんでいるようだ。

じつは、生保の支社にとって、セールスレディをどれだけ抱えているかは評価基準の対象なのである。セールスレディが増えればプラス、減ればマイナス評価となり、当然それがリーダーの評価にも直結する。

したがって、仕事ができるリーダーは簡単に辞めさせるようなことはしない。もしもどうしても辞めてしまうというような場合は、急いで欠員を補充してどうにか人数だけは減らさないようにしているところもある。

生保の営業というと専門知識が必要な職種だけに、出入りが激しい業界でもある。だからこそ、各支社とも人材の確保に四苦八苦しているというわけである。

派遣社員を派遣先から
さらに別の会社に派遣してはいけない

国内の労働市場において、人手不足は深刻な問題となっているが、正規雇用がかなわない転職組などに多い選択肢のひとつに派遣社員がある。

一般に派遣契約とは、まず派遣会社に登録し、派遣先の会社が決まった段階で派遣会社との雇用関係を結ぶというものだ。そのうえで、派遣会社の人材として派遣先で勤務するというのが定義である。

当然、実務に関しては派遣先の意向に従って行うことになるので、場合によっては社内での配置転換もありうる。

ところが、同じ配置転換でも別会社への出向などは基本的に認められない。法律上、派遣先の同意がない限り、派遣先の会社から別の会社に派遣してはいけないことになっているのだ。

たとえば、派遣先のA社へ1年の契約で勤務していたところ、残り半年を関連会社のB社で勤務するよう指示されるようなケースはこれにあてはまる。

特に子請けや孫請けが当たり前の業界では慣習のひと言で片づけられやすい。

しかし、派遣社員はあくまで派遣会社と雇用関係を結んでいる。したがって、A社から契約外のB社へ派遣されるということは、契約が二重に存在することになってしまう。

こうなると責任の所在があいまいになるため、正常な雇用関係を保てなくなるのだ。非正規雇用の課題はいろいろ取り沙汰されているが、とりあえず派遣会社はルールを守ることが大原則なのだ。

取締中のパトカーに、警察官が1人で乗ってはいけない

パトカーでの警らは、2人1組で行動するのが基本になっている。そのため、警察官は単独で乗車してはいけないことになっており、これは第三者としての視点を持つもう1人の警察官がいることで、取り締まりなどを円滑に進めやすくするためだ。

もし第三者がいないと、のちの取り調べ中に被疑者が「あれは不当逮捕だ」などと供述した場合、それを確認する証拠がなく厄介な問題になってしまう。

逆に警察官が誤認逮捕した時、被疑者が冤罪を晴らせなくなるという問題もある。

また、警ら中のパトカーでは安全確認のほか、無線の交信やマイクアナウンスなど意外とやることが多い。1人でそれを全部やると運転がおろそかになる恐れがあるので、多くの警察本部ではパトカーの2人乗車を厳命しているのだ。

ちなみに、これはパトカーだけでなく白バイにも適用されており、基本的には複数台で連なって行動している。もちろん、緊急時には1台でも取り締まりは可能で

ある。

返品対応する店員がいきなりレシートを確認するのはタブー

スーパーマーケットの売り場で働いている店員は、「〇〇の商品はどこにあるのか？」「在庫はあるか？」「子どもが迷子になった…」など、さまざまな客の要望に応えなければならない。

当然、ひとつひとつ丁寧に対応するべきだが、なかでも返品処理にあたる店員は最大限の注意を求められる。

店員がまず肝に銘じておくのが、返品に来る客というのは、店や商品に対して何かしらの不満を持っているということだ。はなからマイナスのイメージを抱いている客への対応をひとつでも間違えたら、大きなクレームに発展しかねない。

返品処理のマニュアルでは、まずレシートを確認することから始めるのだが、これは大変危険なやり方だ。

いきなり、「レシートを確認します」と言ってしまえば、客の気分を害する恐れがある。ただでさえイライラしている客が、紋切り型にレシートを確認されたらさらに激高する可能性もある。

まず来店のお礼を述べ、丁重に返品の理由を聞き出す。理由がわかったところでお詫びをして、そのうえで、初めてレシートを確認するというのがベストだ。

この手順を守れば客もある程度落ち着いて対応してくれるし、返品の理由さえわかればほかの商品を薦めることもできるのだ。

ただ単に返品を受けつけて事務的に処理するか、客の話をまずじっくりと聞いてからその後の購買につなげるか。店員の対応ひとつで売り上げが変わってくるのである。

「売りたい商品」を陳列棚の右側に置いてはいけない理由

多くの種類の商品が整然と置かれているスーパーの陳列棚だが、そこにはさまざまなルールが存在する。そのひとつが目玉商品は右側に置いてはいけないというものだ。

この陳列のルールは、人間の行動の特性を利用している。じつは、人間の体には自然と左方向に傾き、そちらに曲がりやすい性質がある。目隠しをしてまっすぐ歩いてみると、なぜか左方向に曲がってしまう人が多いのもそのためだ。

その理由は、心臓が左側にあるからではないかと考えられている。つまり、人間の体の左半分は心臓の重さの分だけ右側より重くなっているから自然と左側に傾いていくというのだ。

そこでこの性質を利用して、売りたい商品を客から見て左側に置けば、自然と客の目にとまり、手に取ってもらえる確率が高くなる。逆に、せっかくの目玉商品も、右側に並べてしまったらその効果も半減してしまうことになる。

とりわけ、出入口が少ないスーパーでは、入店から精算まで客が流れる動線はある程度決まっている。

その流れの左側に売りたい商品を置けば、客の視線を向かせることができるというわけだ。

おいしい枝豆が店頭に並ぶ「時間帯」の法則

スーパーの食品売り場に枝豆が並び始めると、季節は一気に夏を迎える。

ところで、枝豆といえばビールに欠かせないつまみのひとつだが、じつは同じ畑の枝豆でも収穫する時刻によってそのおいしさに差が出てしまうというのだ。

そこで、枝豆を一番おいしい時に店頭に並べたいと思うなら、朝一番で収穫した枝豆を使ってはいけない。

枝豆の甘味の素となるのはショ糖とアラニンで、うまみの素となるのはグルタミン酸なのだが、ショ糖とアラニンは日没ごろ、グルタミン酸は正午ごろの含有量が最も多くなる。

これは光合成によるもので、昼間の日光をたっぷりと浴びた夕方ごろの枝豆は甘く、うまみが増しているのだ。

野菜売り場に「朝採れ野菜！」というポップがあるといかにも新鮮でおいしそう

なイメージがあるが、枝豆に限っていえば夕方に収穫したものがベストだ。

もしもスーパーの野菜売り場に「夕方収穫しました！」というポップを発見したら、そのスーパーの仕入れ担当者は青果のプロフェッショナルだといえるかもしれない。

同じ商品の陳列スペースが横幅90センチを超えてはいけないワケ

売れ筋の商品はできるだけ多く棚に並べておきたいものだが、ただ並べておけばそれで売れるかというとそういう問題でもない。

効果的な陳列スペースをつくるためには、同じ商品を並べた時のスペースが横幅で90センチを超えないようにしなければならないという不文律があるのだ。

じつは、客が通路に立ったままの状態で商品棚を見た時、ひと目で見渡せるのが横幅90センチくらいといわれている。

このため、同じ種類の商品は90センチ以内に陳列すると、客がその場から動かなくても商品を選びやすくなるのである。

もしも横幅が長すぎると、商品を選ぶ時に客は左右に動きまわることになる。すると客同士がぶつかり合ったりして買い物がしづらくなってしまう。

快適に買い物ができる売り場をつくるためにも、陳列スペースの横幅は90センチ以内に収めるというのがベストなのだ。

また、店内のレイアウトの観点からみても、90センチ幅の陳列スペースをとることは効果的だといえる。内装の資材や陳列の什器は30センチを基準にできているものが多いからだ。

客も選びやすく、店にもメリットがあるというのが90センチ幅の陳列スペースなのである。

衣料品と生鮮食品を近くに並べるのはなぜダメか

相性の良し悪しというのは何も人間関係に限ったことではない。スーパーの売り場に並んだ商品にも見逃せない〝相性〟があるのだ。この相関関係を無視して商品を陳列すると、売り上げが落ちてしまうことがある。

たとえば食品の近くに清掃用品、衣料品の近くに生鮮食品という組み合わせで並べたとしたら、食品や生鮮ものは間違いなく売れなくなってしまう。それぞれの商品の用途が完全なミスマッチを起こしているからだ。

もちろん、このようなことは通常の売り場展開ではあまり起きないが、お中元やお歳暮など、特設売り場を設置する時に店内のスペースの都合上、どうしても毛色の違う商品を隣り合わせで並べなくてはいけないこともある。

また、ブランド品などの高級品と安売り品の売り場が近くに設置されていると、高級品のイメージが損なわれてしまうばかりか、格安商品のお買い得感も高級品のイメージにつられて薄れてしまうのだ。その結果、客はどちらも買わずに通りすぎてしまうことになる。

店舗スペースが限られているスーパーでは、相性の悪い商品の組み合わせを避けるというのが大前提になるのである。

台風、大雨…悪天候の翌日に店員が休みをとるのはタブー

台風や大雨、大雪の日などは、できれば外出せずに家の中に閉じこもっていたいものだが、そんな日が2、3日も続けば当然、冷蔵庫内の食料品は減っていく。そうなると、天候が回復した時に食料品などの買い出しに来た人たちでごった返すのがスーパーだ。じつは、悪天候の翌日というのはスーパーのかき入れ時なので、店員が休みをとるのはタブーなのである。

悪天候でトラックでの輸送が滞っていたぶん、商品の搬入や陳列で店内はてんやわんやとなる。そんな猫の手も借りたいほど忙しい日に、店員が休みをとるのは許されないのは当然だろう。

よほどの事情がない限り、急な欠勤などありえないというのが店員同士の暗黙の了解なのだ。

デパートのトイレが目立たないところにあるのはなぜ?

デパートで買い物中にトイレに行きたくなった時、案内板の矢印通りに行けども
なかなかたどり着けなくて困ったという人は少なくないだろう。
トイレは売り場の一番隅(奥)のほうの、何とも見つけにくいところに位置して
いるのがほとんどなのだが、じつは、これはデパート側の戦略のひとつなのだ。
目立つ場所や入口付近にトイレを設置しないというのが、どのデパートにも共通した暗黙のきまりなのである。
客商売なんだからもっと親切で便利な場所につくってくれればいいのにと思ったら大間違いで、客商売だからこそ目立たない場所にあるのだ。
理由はもちろん、トイレを借りるためにデパートに来た客に買い物をしてもらうためだ。フロアを横切らせることで、その際に目についたモノを購入してもらおうという狙いがあるのだ。

実際、デパート側にしてもトイレをタダで使用されたうえ、何も買わずに帰られては商売にならない。水道料金やトイレットペーパー代、清掃費など月々の出費を考えたらバカにならないのである。

最近では椅子が置かれたパウダールームや乳幼児用の設備などが整っているトイレも多い。トイレの設備を充実することで来客数を増やし、売り上げアップにつなげていこうというのだ。

たかがトイレとはいえ、客寄せには立派に貢献しているのである。

病院の近くに薬局がなくてはならないウラ事情

大きな病院などに行くと、病院の敷地を取り囲むようにして「処方箋薬局」の看板がズラリと並んでいるという光景が見られる。

このような薬局はいわゆる〝門前薬局〟といわれ、以前は病院内にあった薬局が「医薬分業」で独立し、病院やクリニックのまわりに立ち並ぶようになったのである。

実際、病院で診察を受けて処方箋をもらうと、何となくそばにある薬局に行きがちだが、じつは必ずしも門前薬局で薬を処方してもらわなくてもいい。

自宅や勤務先の近くにあって便利なのであれば、そちらの処方箋薬局に行ってもいいのだ。患者は自由に薬局を選ぶことができるのである。

だが、薬の開発は日進月歩。すべての薬局が最新の薬を取りそろえているわけではない。

使い勝手がいいからと処方箋をもらった病院から離れた薬局に行くと、処方された薬を扱っていなかったということも起こり得る。

その点、門前薬局ならそばにある病院やクリニックで処方される薬を把握していて、ほぼ１００パーセント処方される。それは、病院と薬局が提携していて経営自体が運命共同体である場合もあるからだ。

ようするに、処方箋薬局は病院やクリニックの門前になくてはならないわけではなく、どちらかというとその必要性は薬局の側にあるのだ。

銭湯のペンキ絵に描いてはいけない「猿」「夕日」「紅葉」の謎

最近ではめっきりその数が減っている銭湯だが、たまには大きな湯船でゆったりと手足を伸ばしたいと思う人は多いだろう。銭湯でのほかの客との触れ合いを大切にする人情派もいるように、銭湯ファンは今もってなお健在だ。

そんな銭湯の魅力のひとつが、でかでかと描かれたペンキ絵だ。富士山の絵などを眺めながら熱いお湯につかるのは、まさに銭湯の醍醐味だといえる。

そもそもこのペンキ絵は、1912（大正元）年に東京の神田猿楽町にあった「キカイ湯」という銭湯に、「子どもが喜ぶように」という主人のはからいで描かれた富士山が発祥になっている。

この時、絵を描いた川越広四郎という絵師が静岡県出身だったこともあって「どうせ描くならば日本一の山にしよう」ということで決められて、その後も富士山が代表的な絵柄になったのである。ほかにも、日本三景や、架空の海、キャラ絵などを描くこともある。

逆に、絶対に描いてはならないものもある。まず、猿。これは「客が去る（猿）」につながるから。また、沈んでいく夕日や、葉が落ちる、赤くなる（赤字になる）紅葉も縁起が悪いのでけっして描かれることはない。

現在、銭湯のペンキ絵を描く絵師は全国に3人ほどしかいないといわれている。どんな絵が描かれているかをたずねて方々の暖簾をくぐるのも楽しいものだ。

なぜ裁判官は黒い服を着なければならないのか

多くの人は裁判の傍聴は未経験だろうが、ニュース映像やテレビドラマの法廷シーンで厳かな雰囲気はよく知られている。実際のディテールはドラマの映像などとは多少異なるが、裁判官を中心に粛々と裁判が進んでいく様子はさして違いはない。

ところで裁判における裁判官の制服は「法服」といって黒い衣服の着用が義務づけられているが、これには黒い服でなくてはならない理由がある。それは「黒」はどんな色にも染まらないからだ。

罪を裁く立場にある裁判官は、いついかなる場合でも公正でなくてはならない。つまり黒は「何にも染まらない」「不公平な裁きはしない」という証でもあるのだ。

これがもしも赤や黄色だったら面白いと思う反面、実際にそうだったら法の裁きの現場にしてはやはり軽々しい感じがする。職責の厳しさを象徴する意味でも黒い制服はきわめて妥当なのである。

ちなみに、裁判官と書記官は同じ黒でも異なる素材の服を着ている。裁判官はシルク素材で、一方の書記官はコットン素材の服を着用している。

探偵業界の禁じ手「直調」っていったい何？

探偵社や興信所の広告には「浮気調査」「素行調査」などの大きな文字が躍る。内容や対象によって調査の方法も異なってくるが、なかにはやってはいけない調査方法もある。そのひとつが直接調査で、探偵業界では略して「直調」と呼ばれている。

これは、調査対象者本人に直接会って聞き込みをすること。なぜ、してはいけないのかはいうまでもない。正しい報告もできなければ、調査自体も中止になりかねないからだ。

たとえば、浮気調査で本人に直接「あなたは部下の○○さんと浮気していますね」と聞いたとしたらどうだろうか。

聞かれたほうとしては、素直に「はい」なんて答えるわけもなく、逆に依頼者が探偵を雇ったことがバレる可能性もある。最悪の事態に陥って探偵社の信用も失墜することになるだろう。

直接調査は会社の信用調査などでは用いられるが、そのほかの調査においては依頼者本人からの申し出がない限り行わないのが常である。

ちなみに、直接調査をする場合は通常の聞き込み調査より料金が高くなるという。これは探偵に危険が及ぶことも考えられるためだ。

浮気調査で探偵社に直接調査を頼むくらいなら、自分で「あなた、浮気してるの？」と問い詰めたほうが話は早いかもしれない。

タクシーはなぜガソリンではなくLPガスを使うのか

街中でよく見かけるようになったEV（電気自動車）だが、EV充電スタンドにはあまりお目にかかれない。同じようにタクシーが利用するLPガスのスタンドもたまに見かける程度だ。

なぜ同じ車なのに、ガソリンで走る一般車と違ってタクシーはLPガスを使い続けるのか、不思議に思う人も多いだろう。

それは、ほとんど1日中走っているタクシーの場合、ガソリンでは割りに合わないからだ。費用を考えるとLPガスのほうが向いているのだ。タクシー会社にとっては燃料コストを抑えるにはLPガスしかないわけだ。

現在、タクシーが利用するLPガスの価格は地域によって異なるが、リッターあたり60円台から90円くらいで販売されている。

ガソリンに比べてほぼ半分の価格だが、燃費が悪く、リッターあたり約6キロしか走らないが、それでも距離単価を計算するとガソリンよりも安上がりなのだ。

またオイルが汚れにくく、ふつうの車と比べてオイル交換なしで2倍の距離を走ることができるというメリットもある。しかも、ＬＰガスは窒素酸化物の排出濃度が低く、環境にも優しい燃料なのだ。

ただ、速度はあまり出ず、せいぜい時速１００キロ程度だが、日本の道路事情なら十分だ。そう考えると、ＬＰガスはもっと普及してもよさそうだが、今のところはタクシーが中心なのだ。

旅行業界で使ってはいけない言葉の法則

「切れる」「離れる」「別れる」という言葉は、結婚式で口にしてはならない言葉の代表的なものだ。

しかし結婚式だけではなく、もうひとつ、これらの言葉がタブーだというところがある。それは旅行業界だ。

旅行といえば夫婦やカップルで行くことが多い。そんなお客相手にそれらの言葉を使うのは、やはり縁起が悪いということなのだ。

実際に旅先で喧嘩して別行動をとる夫婦や、仲たがいしてそれっきり別れてしまうカップルもいる。

また夫婦やカップルでなくても、友達や家族の旅行でもそういうことはありえる。そうなってはせっかくの旅が台無しだし、その旅を企画した旅行会社のイメージも悪くなる。

そんなことになってほしくない、という願いもこめて、旅行業者はそれらの言葉をタブーにしているのだ。

とはいえ、数時間で終わる結婚式と違い、旅行は予約から始まって旅先から帰ってくるまで時間がかかる。お客と接する時間も当然長い。

またタブーとされるのは「チケットが切れる」「その場所を離れる」「相手と別れる」など旅行中にふつうに使いそうな言葉なので苦労も多い。

それでも少しでもいい旅を提供するために旅行業者の人たちは気遣っているのだ。

銀行員がけっして忘れてはならない暗黙の掟とは？

どんな仕事でもそうだが、金融業界はほかの業界に比べると序列の厳しさが目につくところである。たとえば、銀行員は上司や先輩の入行年次や学歴などを覚えておかなければいけない。

銀行に入行したら仕事を覚えるのも大事だが、何より職場の人たちの入行年次や学歴などをまず頭に叩き込み、序列を間違えるという過ちを犯さないように細心の注意を払う必要があるのだ。

万が一、先輩社員たちの入行年次を間違えてしまっては大変だし、何気ない話題のなかでうっかりと上司の出身大学を間違えてしまっては一大事になる。

そんなミスを頻繁に犯していたとしたら上司や先輩から白い目で見られるだけでなく、ゆくゆくは出世コースから外されてしまうこともあるかもしれない。

そうならないためにも、入行年次と出身大学は覚えておくべき必須項目というわけなのである。

マンションのモデルルームに隠されたマジック

新築マンションを購入するためにモデルルームを見学する時に注意してもらいたいことがある。それは、モデルルームには部屋を広く豪華に見せるためのさまざまな工夫が凝らしてあるということだ。

たとえば家具だが、モデルルームには大きめの家具は置かれていない。大きい家具を置くのは、この業界ではありえないことなのだ。というのも、家具が大きいと実際より部屋が狭く見えてしまうからだ。普通サイズより小さめの家具を配置することで、できるだけ部屋を広く大きく見せる工夫が必要なのである。

また、ハイセンスで高価な家具やカーテンが使われているのも、それらに目を奪わせるための戦略である。

すると客は、部屋全体の雰囲気にうっとりしてしまい、間取りの使い勝手や日照など重要な部分を見落としてしまいがちになるのだ。

そのほか、大きな鏡を取りつけて部屋が広く見えるようにしたり、照明を工夫して安価なクロスや床材を実際より高価なものに見せたりもしている。

いざ購入の段になったらモデルルームのマジックにごまかされず、じっくりと検討してから契約しよう。

理容室では前かがみ、美容院では仰向けでシャンプーするワケ

男性もふつうに美容院に行く時代だが、主に男性が通う「理容室」と、女性が通う「美容院」とでは大きな違いがある。それはシャンプーのしかただ。

理容室では前かがみになり、美容院では仰向けで洗われるのが通例だが、これはいったいなぜだろうか。

その答えは、前かがみにして洗うと女性のメイクが落ちてしまうから。顔を下にして洗えば、どうしたってシャンプーや湯はおでこや顔にかかる。特に生え際をシ

ャンプーする時は、ある程度の濡れは覚悟しなくてはならない。

しかし、仰向けにすればそれらはみな下方に流れる。そうすれば濡れてメイクが落ちる心配はないというわけなのだ。

せっかく美しく仕上がっても、時間をかけて施したメイクが崩れてしまっては台無しになる。仰向けのシャンプーはそうした女性への配慮によって編み出された方法なのである。ちなみに、美容院では美容師が客の左側に立ってシャンプーするサイドシャンプーや、客の後ろ（頭側）に立ってシャンプーするバックシャンプーも行われている。

国会の議長は、議員を「〇〇さん」と呼んではいけない

テレビで国会中継を見ていると、議長が議員の名前を呼ぶ時に「〇〇さん」ではなく「〇〇君」と呼んでいる。このように国会議員を〝君づけ〟で呼び始めた歴史は古く、１８９０（明治23）年の第1回帝国議会までさかのぼる。

当時、アメリカの議会では議員の名前を呼ぶ際に「ミスター」と敬称をつけるのが慣習になっており、日本の国会でもそれにならって議員を「君」づけするようになった。

当時は女性議員がまだいなかった時代なので、「さん」づけする発想がなかったのだろう。

ちなみに、衆議院規則212条には、「議員は、互いに敬称を用いなければならない」とある。また、参議院規則208条にも「議員は、議場又は委員会議室において、互いに敬称を用いなければならない」とある。

これが議員を君づけする法的根拠になっているため、議長や委員長はためらうことなく、目上の議員を「○○君」呼ばわりできるのである。

美容院の定休日は、なぜ東西で違っている？

美容院の定休日は？　と聞かれて「火曜日」と答えた人は関東出身、「月曜日」

と答えた人は関西出身ではないだろうか。

美容院の定休日は、じつは関東と関西とでは異なっている。関東は火曜日が主流なのに対して、関西では月曜日が圧倒的に多いのだ。

その理由をたどってみると戦後の復興期にまでさかのぼる。

焼け野原からがむしゃらに経済復興をめざしていた日本では、電力需要が高まって電力不足が深刻化していた。そこで1946（昭和21）年に電気需給調整規則が公布され、日々の電気の使用量が厳しく制限された。

また、「休電日」という電気を使わない日も指定されている。その休電日が、関東は火曜日、関西は月曜日だったのだ。

当時は「電髪」と呼ばれた電気パーマが流行っていたのだが、電気がなければ商売にならぬということで店を休んだ美容院が多かった。その慣習で今でも当時のまま定休日が設定されているのである。

もちろん、定休日を決めるのはその店しだいだ。最近では他店との差別化なのか、「定休日なし」という店舗も増えていて東西の違いも薄れつつある。

キャッシュカードやクレジットカードの暗証番号はなぜ4桁？

アルファベットの大文字と小文字、数字、記号などを組み合わせることが必須になるなど、スマホアプリなどのパスワードはどんどん複雑化しているのに、キャッシュカードやクレジットカードは数字4桁とかなりシンプルだ。

しかし、なぜ暗証番号は数字4桁なのだろうか。

銀行に現金自動支払機（キャッシュディスペンサー）が登場したのは1967（昭和42）年、イギリスの大手銀行バークレイズにおいてだ。当初、暗証番号にアルファベットを交ぜることも検討されたようだが、ただアルファベットを採用するとすべての機械にキーボードを取りつけなければならない。

だが、数字だけならテンキーでこと足りるのでコスト的に抑えられる。桁数に関しては最初は6桁案も出ていたようだが、「6桁だと妻が覚えられないから」と開発者が4桁にしたとか。かなりシンプルというか、単純な理由で決まったようだ。

\ Step /

2

日常生活には、見えない掟がいっぱい

無神経？　理解不能？
若い世代に嫌われる「トナラー」とは

ガラガラの電車に乗っていたところ、次の駅で乗ってきた客が自分の隣に座った。ほかにも席はたくさん空いているのに……。隣である必要がないのにわざわざ隣にやってくる、いわゆる「トナラー」を嫌悪する人は多い。

人にはパーソナルスペースといって、他人に侵入されると不快感を覚える空間がある。その感じ方には個人差があるが、若い人ほどそのスペースが広い。つまり、近寄ってほしくないエリアが大きい傾向があるようだ。

スーパーやコンビニでも、早く自分の番になれとばかりに列を詰めて並ぶのは高齢者に多い。たしかに年齢を重ねるほど我慢がきかなくなり、周囲の目も気にしなくなりがちだが、こと「トナラー」に関しては年齢だけではくくれないこともある。

たとえば、広大なショッピングモールの駐車場などで、入口から遠いところに停めたのに、なぜか隣に並ばれるという話はよく聞く。

これは「隣に車があると目印ができて駐車しやすい」とか、あるいは気に入っている場所もしくは駐車番号があって、空いていれば絶対そこに停めたいなど、自分のこだわりを譲れないケースだったりすることもある。

同じように、映画館で両隣の人の有無など関係なく、絶対にスクリーンのセンターの後方の席を陣取りたい人もいるし、カフェでもお気に入りの席にどうしても座りたいという人もいるようだ。

どちらが正しいというのでもないが、とりあえずガラガラの電車でぴったり隣に座るようなケースは警戒されてもしかたがない。

少し前までは、ソーシャルディスタンスを推奨した世の中でもある。一般論として他人のパーソナルスペースには配慮したほうが無難だ。

出会いのニューノーマル「マッチングアプリ」の掟

今やすっかり定番になった「マッチングアプリ」。ここでは多くの人が、さまざまな暗黙のルールのもとに出会いを求めている。

マッチングアプリでは、気になった相手に「いいね」を送り、相手からも「OK」が返されると〝マッチング成立〟というのが基本の流れだ。

だが「いいね」を送れる相手の数には限りがあり、気になったら手あたりしだいというわけにはいかない。そこで暗黙のルールとして「足跡」を残してアピールするという方法がある。

足跡とは他人のプロフィールを閲覧すると残る訪問履歴で、利用者のほとんどがチェックしている機能だ。

この足跡を残すことで、相手も必ず自分のプロフィールをチェックしてくれる。いわば、手っ取り早い「匂わせ」になるのだ。

ただし、同じ相手に何度も足跡をつけると、逆に引かれてしまうケースもあるのでそこは慎重に。

また、マッチングアプリではマッチング成立まで同時に複数の人とやり取りするのはOKというのがふつうだ。リアルでは不誠実ととられる行為でも、ここでは「自分以外にも候補がいるなんて！」と怒るほうが逆に野暮ということになる。

もちろん、誰かと成立後もやり取りを続けるのはご法度だが、それまではさまざまな相手との可能性を探るというのが、正しい使い方というわけだ。

Xもインスタも古い!? Z世代がハマる「BeReal」とは

いつの世も若者の流行は、ものすごいスピードで移り変わるのが常である。絵文字はダサいだの、LINEは古いだのといわれようとも、大人は無理して流行に合わせる必要はないが、トレンドは知っておいて損はない。

ここ最近のZ世代がハマっているSNSといえば「BeReal」だ。フランス生まれのアプリで、簡単にいえば「リアルな日常のひとコマ」を投稿するSNSである。

投稿できるのは1日一度で、ランダムに送られてくる通知が届けば、そのタイミングで投稿できる。投稿することで、つながっている友達の投稿も見られるようになる。

通知は早朝や夜に来ることもあり、しかも2分以内に投稿するのがお約束だ。

撮影はインカメラとアウトカメラで同時に行われるため、ある時には寝起きの顔と片づいていない部屋だったり、またある時は仕事帰りのデート風景を写したりすることもできる。

今なおユーザー数が多いインスタグラムは、自撮りも料理もフィルターで加工し、〝盛って〟投稿するのが当たり前だが、こちらはありのままの姿を撮って出しするのが暗黙のルール。そのリアルを共有し合うのが面白さのツボなのである。

不本意な仕上がりの場合は何度でも撮り直すことはできるが、その回数さえもバレてしまうのがこのアプリの面白いところだ。それもひっくるめてのリアルなのである。

宗教？　政治？　野球？　…ビジネスでタブーな話題とは

昔からビジネスの場ではタブーとされている話題がある。それは「宗教」「政治」「野球」にまつわる話だ。

宗教は個人的な信条にかかわるし、支持政党や好きな野球チームの話題は対立構造を生みやすいというのがその理由である。

もちろん、今もこの暗黙のルールは変わっていないし、ご法度にすべき話題はさらに増えている。

まず、出身地や居住地といったパーソナルな情報を聞くのは基本的には歓迎されない。家族構成や学歴なども控えたほうが無難だ。

現代は公私できっちり線を引いて生活している人が増えている。無理やり「私」の領域に足を踏み入れられることに抵抗をおぼえる人は、昔より圧倒的に多いのだ。

だが、これはあくまで人間関係が構築されていない場合の話だ。たとえば接し方がむずかしいとされるZ世代は、デジタルネイティブでもあるので、SNSであらゆる価値観の人とつながっていたり、世界各国の情報に触れていたりと、実際は話題豊富でもある。

いわゆる「推し活」に熱心だったり、一方で社会情勢に興味を持っている人も多く、たとえ年齢差があったとしても、うまくいけばそのあたりの話題で盛り上がれるかもしれない。

とはいえ調子に乗って「有休の理由は推し活かな？」などと探りを入れたりすると、一気に引かれてしまうこともあるので要注意だ。

ハンコは傾けて押す？ Z世代には謎過ぎる会社のルール

Z世代と呼ばれる20代以下の若者たちにとって、社会に出て会社勤めを始めた時に、意味不明にも思える謎のルールは数多く存在する。

コロナ禍が明けて会社の飲み会などが再び行われるようになり、同僚や上司とテーブルを囲むこともあるだろう。その乾杯の際に、まことしやかにいわれているのが、「目下の者はグラスを下からあわせる」ことだ。いちいちグラスの高さなど気にしていないだろう若者たちにとっては、まさに謎のルールといえる。

同様に、お辞儀ハンコという都市伝説のようなルールもある。会社の部内で回覧される文書や、複数の人が捺印する稟議書などでは、役職の低い人は上司の印影に向かってハンコをお辞儀するように傾けて押すというものだ。

実際にどれだけのオフィスで実行されているかは不明だが、これにいたっては謎ルールの代表格だ。

とはいっても、ハンコを押す場面が減っている現在では、絶滅危惧種のルールのひとつといっていい。

オフィスのローカルルールについては、それぞれの職場で独自のものがある。それがあくまでもローカルなもので、新人たちにとっては異文化コミュニケーションのようなものだと思っておいたほうがいいだろう。

リモート会議のカメラ、マイクをめぐる暗黙の禁止事項

コロナ禍で一気に進んだのがリモートワークだが、会社によってはアフターコロナもそのまま出勤を強要せず、会議もリモートで行っているというケースも少なくない。

そこでよくあるのが、話し手だけがカメラやマイクをオンにして、ほかの参加者

はオフにするという暗黙のルールだ。これはいつの間にか定着したようで、自社できまりがない限り、参加者全員がオンというケースはほとんどないらしい。

その理由としては、回線トラブルや音声トラブルといったリスクを少しでも減らすということらしいが、背景にうっかりプライベートな情報が映ることが気になったり、不意に家族の声やインターフォンの音が入るのを防ぐという意味もある。

だが、いざ自分が話し手に回ると、相手の姿も見えず、反応すらわからないなかで説明したり意見を述べたりするのは、なんとも奇妙に思えるものだ。

ほかにも何分前に入室すべきか、終了の合図をどうするかなど、空気を読みあう日本人にとってリモート会議という新たなスタイルは、暗黙の掟のオンパレードかもしれない。

リモートワークの誰も教えてくれない服装規定とは？

コロナ禍によって大きく変わったことのひとつに、リモートワークの急速な普及がある。就活をする大学生の間では、労働条件の中でリモートワークが可能かというのはもはや外せないチェックポイントとなっている。

満員電車に乗らなくてもいい、通勤の時間も必要ないとなれば、いいことずくめのように思えるリモートワークだが、オフィス以上にマナーを意識しないと自らの評価を下げる場面もある。

自宅でリモートワークを行う場合、部屋着のまま、髪型も適当、食べかけの食器がそのままのテーブルで、などというのはビジネスマナーに反するといっていい。あくまでも仕事であって、就業時間中はオフィスにいるのと同じだと考える必要があるからだ。

たとえば不意にオンライン会議に呼ばれたら、身だしなみを整えてからでは遅すぎる。パソコン越しではあっても、デスクの上に洗っていない食器や日用品などが見えてしまい生活感たっぷりでは、「真面目に仕事してる？」と疑問を抱かれてもしかたがない。

一人きりの空間で仕事をするからこそ、いつ誰に見られてもいいように、というマインドを忘れてはいけないのだ。

Slack、Email、LINE…場面によってどう使い分ける?

ビジネスシーンでもコミュニケーションアプリは欠かせない通信手段となった。今や内線電話はほとんど使われないというオフィスもあるだろう。テキストを使った連絡ツールとして仕事で使われているのは、Slack や Email、LINE などだ。

これらの3つのツールは、使用目的に合わせて使い分けられている。

まずSlackは、少人数のチームでのシンプルなやり取りや、緊急性が高い用件で使われることが多い。リアクションスタンプの活用によって意思確認がとりやすいのもメリットで、場合によっては雑談も混ざる。

Slackでのやり取りは返信をスピーディーに行うことが重要で、確認したらすぐに返信するのが望ましい。

Emailは、スピードより確実性が求められる。Slack よりもフォーマルな印象になるため、重要な内容を当該の相手に直接送れることや、CCでの共有ができるのがメリットだ。内容をよく理解し、とくに指定がなければ当日中もしくは24時間以内での返信が適切だ。

LINEはかなりカジュアルな印象になるので、仕事で使う場面はかなり限られる。ほかのアプリが何らかの理由で使えない時や、かなり親しい間での緊急連絡にのみ使うようにしたい。

プライベートな場面とは違って、ビジネスシーンでのコミュニケーションアプリはTPOに合わせて使い分ける必要があるのだ。

入室から退室まで、オンライン会議の本当の作法

10分前に席に着いていなければ落ち着かない、時間ぴったりに着くのが信条、5分程度は遅刻と感じない…など、待ち合わせの時間に対するとらえ方は、まさに人それぞれだろう。

しかし、オンライン会議には、おそらく多くの人が守っている暗黙のルールが存

在する。

オンライン会議への入室は、定刻より少し早めにするほうがいいと考えるのは当然として、その時間は多くの場合「5分前」だという。これはあくまで参加者の場合であって、開催者であればこれより早く準備を整えなければならない。

つまり、「午後3時からの会議」で午後3時にログインしたらすでにもう自分以外のメンバーがすべて揃って待っているという事態になる可能性が高い。

対面の会議なら、直前に滑り込んでもなんとなくざわざわしてごまかせる場合もあるが、オンラインだと入室のタイミングが露骨にわかってしまう。

万が一ギリギリになってしまいそうなら、開催者にひと言メッセージを送っておくほうがいいだろう。

退室についても慎重になるほうがいい。目上の人や社外の人がいる場合は、そのメンバーが退室してからログアウトするのが無難だ。

オンラインは便利だが、だからこそ礼儀正しいという印象を与えるように細心の注意を払いたい。

メルカリに存在する謎ルール3選

若者だけでなく、誰しもが気軽に利用するようになったのがフリマアプリだ。不用になった私物やハンドメイド作品の販売、業者のオンライン店舗の役割のほか、知人との間で宅配便のような使い方をする人もいる。

最大手メルカリのユーザー数は月間で2000万人を超えるともいわれ、すっかり社会に根づいた感がある。

ユーザー数が増えれば、トラブルも増えるというのは当然だ。メルカリでは出品品目の制限や支払いのルールなどを整備してきたが、明文化された規則ではないのに、一部のユーザーたちから提唱されている謎ルールが存在する。

まず、「即購入禁止」というルールを明示している出品者は多い。これは、「いきなり購入するのではなく、まずコメントを入れてから」というものだ。出品者が落札者を選定するためだといわれるが、メルカリの取引規定には存在しないルールであり、まさに謎のルールといえるだろう。

「いいね禁止」というのも謎のルールだ。落札を検討している側からすれば、ブックマークの意味もある行為だが、出品者側は購入もしないのに「いいね」を押すなという。

「プロフィールにある番号を記入すること」を要求する出品者もいる。トラブルを避けるための策としてプロフィールを読んでもらい、プロフィール欄にある番号を記入させるのだ。これは謎ルールというより、出品者側の自己防衛策といえる。

いわゆるローカルルールはほかにもあるが、出品者の自由の範疇に収まるものもあれば、「返品やキャンセル禁止」など、そもそもの規約に反するものもある。利用する際は規約をしっかり理解して、気持ちのよい取引ができるようにしたい。

意外な出品禁止品もある
メルカリで売ってはいけないもの

メルカリは便利なフリマアプリの代表格だが、規約をしっかり理解していないと大きなトラブルになることもある。まず注意しなければいけないのは、出品禁止物の多さだ。

メルカリの規約を説明するオンラインページには、じつに35項目の出品禁止リストがあり、それぞれに細かな説明が掲載されている。盗品や違法薬物などは当然だが、「こんなものもダメなの!?」と思わせるものをいくつかご紹介しよう。

電子チケットやQRコードなどの電子データは出品できない。詳細を見ると、データを利用できないというトラブルを防ぐためとある。QRコードなどを印刷したとしても同様にNGだ。

また、小分けした化粧品類も出品禁止だ。たとえば、大瓶の香水や高級化粧水をトラベルサイズに小分けして売るような場合だが、これは薬機法違反という立派な法律違反になる。これは知らないとやってしまいそうな行為だろう。

図書カードやプリペイドカード、オンラインギフト券などの金銭と同様な扱いがされるものも同様に取り引きできない。期間限定のカフェカードなどを出品したら商品削除されてしまうのがオチだ。

さらに、サンプル掲載がないオーダーメイド品も出品できない。ハンドメイドに関しては、必ずサンプル品を掲示しておかなければいけないという規則があるのだ。購入者との相互認識に齟齬《そご》が生じないようにする措置だ。

出品禁止リストは、違法な取引を防ぐことと、取引上のトラブルを防ぐことの2本立てで構成されている。利用する際には、一度じっくり読んでみることをおすすめしたい。

ルールを守ると出遅れる⁉「就活ルール」の謎

現在の大学生の就職活動、いわゆる「就活」に関しては、親世代とは決定的な違いがある。この就活のルールを決めるのが、2021（令和3）年度から経団連（日本経済団体連合会）ではなく政府主導になったことだ。

経団連主導の就活ルールには大きな問題があった。そもそも経団連に加入していない企業にとっては意味のないものだったことや、経団連加入企業からも守られずに形骸化してしまい、結果として就活の前倒しによる学業へのしわ寄せが起きていたのだ。

政府が主導して決定した就活の基本的なスケジュールは、卒業・修了年度に入る直前の3月に広報解禁となり、卒業・修了年度の6月1日に選考解禁、そして卒業・修了年度の10月1日に内定解禁となっている。

これは経団連が取り仕切っていた時代のスケジュールを引き継いでおり、少なくとも2025（令和7）年卒まではこの日程が適用される予定だ。

こうして主導を政府に変えることにより、一定程度のガバナンスが働くことが期待される一方で、採用の形としてインターンシップの活用が積極的に推奨されるようにもなった。これも大きな変化だろう。

その結果、短期でも長期でも、企業はインターンシップとして学生に早期に接触し、それを採用につなげているというのが実態だ。

これは就活ルールの外側で、実際の就活がかなり早い段階で始まっていることを示している。大学1年生からインターンシップに参加するという人もいるのが現実なのだ。

表面的な就活ルールの日程を真に受けていたら、結局は出遅れてしまうのである。

誰も不快にさせない国際交流でのプロトコールの精神とは？

「郷に入っては郷に従え」ということわざがあるように、世界には地域や国によってさまざまなルールやマナーが存在する。

旅行者や移住者として訪れるなら、慣習の違いは異文化交流として価値があるが、それが外交の席だったらすべてのルールやマナーを尊重することでかえって混乱を招きかねない。

そこで、国際交流の場には公式な儀礼や手順をまとめたプロトコールが存在する。プロトコールはもともと約束事などを意味する言葉だったが、最近では複数の間でのコミュニケーション方法や考え方などのことをいう。お互いを尊重し合い、不快にさせない、円滑な交流を行うための国際儀礼のルールとなっているのだ。

プロトコールは、「国の大小に関係なくすべての国を平等に扱う」「誰もが納得するルールに従う」という精神に則っている。

つまり、序列は国の大小ではなく着任順にするなど、すべて平等に、そして誰もが納得する扱いにして、誰にも不快な思いをさせない細かな配慮がなされているのだ。

また、すべての国にとっての象徴である国旗に敬意を表すことも細かく規定されている。国旗のサイズを揃え、同じ高さで掲揚し、雨の日には掲揚しない。

常に加盟国の国旗がはためいているイメージがあるニューヨークの国連本部も掲揚は平日のみで、雨の日はあの象徴的な光景を見ることはできないのだ。

なぜ車の給油口はマフラーと反対側でなければいけないのか

車のガソリンの給油口は、車種によって右側か左側に分かれている。どちらか一方に決められていればガソリンスタンドでも便利だと思うのだが、しかし統一されていない。

これはマフラーと関係がある。給油口はマフラーと反対側に配置される傾向があるからだ。

たとえば、マフラーが右にある車なら給油口は左、マフラーが左なら給油口は右になっている。もしもマフラーと給油口が同じ側にあれば、かなり危険だからだ。

いうまでもなくマフラーは排気ガスを出すためのものだ。排気ガスはかなり高い熱を持っている。もしもマフラーが給油口と同じ側にあれば、ガソリンタンクが過熱されることになり危険なのだ。

じつは法律でも、給油口はマフラーの開口部から300ミリメートル以上離れていなければならないということが定められている。

給油口とマフラーは逆の側につけなければならないというきまりはないが、しかしこの法律もあって結果的には反対側になっているわけだ。

薬のネーミングがやけに似ているのはなぜ？

商品の売り上げを左右するものといえば、ネーミングも重要なファクターのひとつだ。同じような味や性能を持つふたつの商品なら、よりインパクトが強く覚えやすい名前のほうが売れるのである。

そんななかで、いったいどうやってつけているんだろうと思ってしまうのが薬の名前だ。どれも似たようなネーミングばかりで、しかも最後は「ン」で終わるものが多い。

もちろん、このことは製薬会社もわかっていて、あえて「ン」で終わる名前をつけている。というか、薬の名称は「ン」で終わらせなくてはいけないとの考えに基づいているのだ。

まず商品の性格上、奇をてらった名前をつけるのは無理だ。それでもCMなどで連呼することを思えば、言い切れて覚えやすい名前をつけるのが得策である。

また、もうひとつの理由として薬の成分となる物質の名前が「ン」で終わるものが多いというのもある。たとえば、ビタミン、カフェイン、イブプロフェン、アセトアミノフェンなどがそうだ。

消費者はこうした名称に聞きなじみがあるため、「ン」で終われば「薬」を連想しやすいというわけだ。

あるいは、混同による投薬ミスを最小限に抑えるための安全策として考案されているとか、薬品が持つ独自性を強調するために名前に生物学的な背景を盛り込んでいるなど、いくつかの厳格なプロセスを踏んでいるという。

窮屈で細かすぎる日本の学校のルールの話

学生らしい服装や態度で規律正しい集団生活を送るためのルールが校則なのだろうが、なかには〝謎ルール〟と呼ばれる根拠がはっきりとしないものもある。

なかでもネットなどで議論の的になっているのが、茶髪禁止としてもともと茶色い髪色の生徒に黒く染めるように指導したり、下着の色を指定する校則だ。

大阪府立の高校では黒染めを指導された生徒が不登校になって裁判になっており、また下着の色については性加害につながるのではないかと保護者からの不安の声も上がっていて、事態は人権侵害が叫ばれる局面まできている。

また、前髪の長さは眉毛の上、お団子禁止、ツーブロック禁止、ジャージのファスナーは中に着ている体操服のゼッケンの上のラインまで上げる、冬になると積雪のある地域でもタイツの着用禁止…、など細かすぎる校則も探せばいくらでも出てくる。

ただ、マスコミでブラック校則などと取り上げられるようになり、子どもたち自身が「おかしい」と疑問を持ち、教員と生徒が話し合ったうえで校則が改定された例も出てきている。

折しも、２０２０（令和２）年から「生きる力を育む」ことを目的に学習指導要領が変わったばかり。今まで変だと思いつつ何となく従ってきた校則についてみんなで考え、議論を重ねて自ら考えることは、令和の時代の学習テーマとしてぴったりなのではないだろうか。

サイレンを鳴らさずに救急車に来てもらうことは可能か

急な体調の異変があったら、真っ先に頭に浮かぶのが救急車である。コロナ禍では一刻を争う事態も多く、町のあちこちでサイレンが鳴っていたものだが、日常が戻った今ももちろん、救急車を呼ぶことは緊急事態を意味する。

そんな切羽詰まった状況なのに、なぜか多いのが「サイレンを鳴らさずに来てほしい」という要望である。

これは住宅密集地などでサイレンが鳴るとどうしても目立ってしまい、病人がいることが近所にバレてしまうという理由で、昔からよく聞かれた話だが、今なおこのことをお願いする人は多いという。

だが、緊急である以上、サイレンは鳴らすというのが原則だ。自治体によっては、よほどの理由があれば対応するケースもあるようだが、原則としては断られる。目的地に到着したことを確認するまでは、鳴らしながら急行しなければ救急車の意味がないというわけだ。

逆に、近所にバレたくないという理由で救急車を呼ばずに取り返しがつかなくなったケースも少なくない。そんな時は市区町村に設置されている「救急相談センター」に電話をかけて症状を話せば、緊急性があるかどうかジャッジしてくれる。そして、緊急度が高いと判断されればそのまま救急車につなげてくれるのだ。

さすがに、そうなったらバレたくないなどという体裁はもはや二の次だ。ありがたく救急車のお世話になろう。

シャープペンシルやボールペンは禁止！美術館でのＮＧ行動３選

美術館や博物館に行く時は、それぞれのルールに従わなければならない。明文化されているものも多いが、どれも貴重な展示物を守り、気持ちよく鑑賞するためのきまりだ。

作品に触らない、館内では大声で話さないなど、常識的に考えればわかるものがほとんどだが、初心者が意外と気づかずにやってしまう行動もある。

たとえば、シャープペンシルやボールペンの禁止だ。会場に置かれている作品リストやノートなどにメモを取る場合は、筆記用具に注意しなければならない。

シャープペンシルは芯が折れたら飛ぶ危険があるし、ボールペンは先が硬いので作品を傷つけたり、インクが作品についたら落ちなくなってしまう可能性がある。会場で鉛筆を貸し出してくれるようならそれを利用しよう。

また作品鑑賞に熱中するあまり、足元のガイドラインをはみ出す人も見られる。混雑している場合は特に見落としがちだが、作品の前の床に「ここまで」というラインが引かれている場合は、内側に入らないように気をつけたい。

近年は、撮影ＯＫの展覧会も増えてきたが、作品と一緒に記念写真を撮るのはＮＧだ。明確に禁止しているところもあるが、そうでなくてもほかの人が鑑賞しているのを邪魔する行動は控えるべきだろう。

一方で、小声なら同行者と感想を話すことや、子ども連れで訪れることを遠慮する必要はない。小さな子どもからお年寄りまで、配慮し合えば楽しい時間を過ごせるのである。

こんなのあり!? 道路交通法の「ご当地ルール」

道路交通法は、もちろん日本全国共通のルールだ。しかし、実際には「ご当地ルール」と呼ばれるローカルルールが存在する。レンタカーなどで遠出をしたら、このルールを知らないばかりにコワい思いをした人もいるだろう。
どこまで本当か、微妙なものもあるが、たとえば、こんな具合だ。

・茨城ダッシュ↓交差点内で、対向車が左折するよりも早く右折すること。
・名古屋走り↓やや荒っぽい運転で、ウインカーを出さずに曲がる、車線をまたいでの走りなど。
・伊予の早曲がり↓茨城ダッシュと同様。交差点内の直進・左折優先の無視。
・大阪走り↓信号の「青は進め、黄色は進め、赤は注意して進め」。
・岡山ルール↓ウインカーを出さずに曲がること。
・播磨道交法↓交差点に先に入った車が優先される。

そのほかにもローカルルールは存在するが、そのどれも道路交通法から見れば明確な違法行為であることは間違いない。

部外者からはにわかには信じられないルールの数々だが、こればかりは覚えておいて実践するわけにはいかないのである。

お茶で薬を飲んではいけないその根拠

医薬品の「使用上の注意」には必ず「水または白湯で服用すること」と書かれているが、頭ではわかっていても、現実には食後のお茶を飲んでいる時に、ついでにそのお茶で薬を飲むこともある。

水か白湯以外のもので薬を飲むというのは、やはり避けるべきなのだろうか。

お茶で薬を飲んではならないといわれるのは、お茶の成分のひとつであるタンニンに鉄と結合する性質があるために、貧血予防などに効果がある鉄剤をお茶で飲むと吸収が悪くなるからで、やはりお茶は避けたほうがいいのだ。タンニンはコーヒーなどにも含まれている。

また、お茶やコーヒー、紅茶に含まれるカフェインは喘息薬と似た成分なので、喘息薬をこれらの飲み物で服用すると、カフェインを多く摂り過ぎてしまい不眠やイライラが起こりやすい。

さらに、高血圧の薬をグレープフルーツジュースで飲むと、グレープフルーツの成分が肝臓での薬の代謝を遅らせるために薬の濃度が高まり、極度の低血圧状態を引き起こすことがある。特殊な例だが、注意したほうがいい。

また、当たり前だが酒で薬を飲むのも禁物だ。アルコールで肝臓機能が変わり、薬の吸収が不安定になったり、ある種の薬の効果を増強させることがある。

しかも、薬による肝臓機能の変化によりアルコールの代謝が遅れ、急性アルコール中毒や二日酔いを招きやすくなることもある。

つまり、すべてではないが、一部の薬では水か白湯以外のもので飲むと問題を引き起こすものがあるということだ。

漆器をダメにしてしまう困った洗い方

今ではどんな油汚れもすぐに落としてしまう強力な洗剤がいろいろと発売されて

いるので、食器洗いも楽になった。しかし、どんな食器でも洗剤で洗っていいわけではない。

たとえば、漆器もそのひとつだ。洗剤の強力な成分は漆には大敵で、洗剤を溶かした水に漬け置き洗いするなどはもってのほかなのである。

しかも、洗剤で洗うことも避けたほうがいい。漆がはげるなどの損傷が出たら、せっかくの漆器が台無しになる。漆器を洗剤で洗うべからず、なのだ。

では、漆器はどうやって洗えばいいのか。

基本的には、水やぬるま湯でサッと洗うだけで汚れは落ちる。それが漆器の特徴のひとつなのだ。

汚れがひどい時はティッシュなどで拭き取るようにすればいいし、スポンジでガシガシ洗うようなことは禁物である。ティッシュの柔らかさで表面を拭いておけば十分だ。

それでも汚れが完全にとれない時は、薄めの中性洗剤を使って短時間で洗い、そのまま拭かないで水切りカゴの中に入れておくようにする。やや手間はかかるが、それが漆器の美しさを長持ちさせるコツなのだ。

ビールを冷凍庫に入れるのは禁物⁉

夏の暑い日、仕事を終えて家に帰ったら真っ先にビールで喉を潤そう…と思ってワクワクしていたら、なんとビールが冷えてない——。

その時のショックと落胆は経験した人でなければわからないものだが、そんな時に「こうなったら急速冷凍だ」とばかりにビールを冷凍庫に入れる人もいるだろう。

冷凍庫なら、少しでも速くビールを冷やしてくれそうな気がするが、これはやってはならない。冷凍庫で急速に冷やすと、ビールの味は完全に落ちてしまうからだ。

なぜなら蛋白質や糖分などの成分が凝固してしまい、ざらざらした感じになるからだ。しかも、凍らせると缶や瓶など容器が破損する危険性も出てくる。

では、少しでも速くビールを冷やすにはどうしたらいいのだろうか。確実なのは、大きな容器に氷を入れた水を張り、その中にビールを静かに入れておく方法だ。水の中に少量の塩を入れると、さらに冷え方が速くなる。

またブロックアイスが大量にあれば、大きめの容器の中にブロックアイスを入れてもいい。その上にビールを乗せてゆっくり静かに回転させてやると、2、3分でほどほどに冷えてくれる。はやる気持ちを抑えて、ほんの少し喉の渇きを我慢すれば冷たいビールにありつけるのだ。

海外の街中で知らない子どもの写真を撮るのはタブー⁉

絶景やかわいい動物に出会うと、思わずカメラを向けてしまうのは旅行者として当然の気持ちだ。そんなシャッターチャンスを逃さないためにいつもカメラを手にしている海外旅行者の中には、子どもを見て思わずカメラを向けてしまうという人も多いだろう。

しかし、海外ではこれは絶対にやってはならない。日本では考えられない話だが、アメリカやヨーロッパなどでは子どもの誘拐が多い。毎年、大勢の子どもが行方不明になっているのだ。そんな国で見知らぬ外国人が子どもの写真を断りもなしに撮影したら、「子どもの誘拐を企み、物色している」と思われる。

実際、不用意に子どもを撮影しているのを親に見つかり、大騒ぎになったという話も聞く。子どもが犯罪に巻き込まれる率が日本よりもはるかに高い外国では、絶対に子どもにレンズを向けてはならないのである。

もともと日本人は、肖像権などに対する意識が希薄だ。無断で他人を撮るなど、そもそもがマナー違反なのだ。ましてや、それが子どもであれば大問題になる。

その国の事情と親の感情、プライバシーなどを考えて、子どもの撮影はやめたほうが無難である。

雪の日の車の駐車で守らなければいけないこと

雪の少ない地域で暮らしている人にとっては、突然の大雪や、スキーなどで雪国に出かけた時に思わぬ車のトラブルに遭うことがある。

なかでも意外に多いのがサイドブレーキの凍結だ。駐車すればサイドブレーキを引くのは当たり前だと思って油断していると、寒さで凍りついてしまうことがある。

これはサイドブレーキのワイヤーが凍って戻らなくなるために起こる。解決策としてはエンジンをかけて温めるしかないが、かなりの時間がかかり、思わぬ足止めを食うことになるから要注意だ。

雪国で暮らしている人はこのトラブルのことを知っているので、車を停める時にサイドブレーキは引かないことが多い。オートマ車なら「P」、マニュアル車ならギアを「ロー」または「バック」に入れておくことが多いようだ。

雪国ではワイパーにも気をつけたほうがいい。ワイパーに雪が積もってアームが曲がったり、雪が積もったままで無理にワイパーを動かそうとしてモーターに負担がかかり、故障の原因になることがあるのだ。

また、フロントガラスに積もった雪をワイパーを動かして一気に取り除こうとするのは禁物だ。雪は意外と重いものだし、ワイパーのゴムがガラスに凍りついていることもあるので、駐車する時は、ワイパーを立てておいたほうが無難である。

飲み薬の苦さに隠された業界ルール

「病は気から」などといわれても、体調不良の場合はやはり薬に頼らざるを得ない。

市販の薬はバラエティに富んでいるし、昔よりぐっと飲みやすいものも増えているが、やはり薬である以上けっしておいしいものではない。特に医者から処方してもらう薬には、口に入れた途端に不快になるような苦いものもある。

これだけ医学が進歩したのだから、薬だって苦味をやわらげることはいくらでもできるはずだが、じつは、そこにはメーカー側の「薬は苦くしておかなくてはならない」という思惑があるのだ。

人間の舌は敏感なもので、甘い、すっぱい、苦いなどの味覚を瞬時にキャッチする。そして、それによって体内のパーツも反応し、消化液などを分泌する。

なかでも「苦味」は胃酸の分泌に効果絶大で、胃腸薬はもちろん、胃に刺激を与えるような強い薬も苦くしておけばそれだけ体の負担が減るというわけだ。しかも苦味は、唾液の分泌を促進し、薬を飲み込む際に助けになる。

「良薬口に苦し」は単なることわざではなく、きちんと理にかなっているのだ。子どもならともかく、いい大人なら「苦いから」などと言って文句を言わないようにしたいものである。

\ Step /

3

お客が知らない飲食店の不文律とは？

手軽に参入できそうなワンボックスのキッチンカーが少ないのは?

以前からオフィス街やイベント会場などではおなじみだったキッチンカーは、新型コロナの影響でテイクアウトの需要が高まったこともあり、ますます種類が豊富になっている。しかも、キッチンカービジネスに参入したいという人も増えているという。

そんなキッチンカービジネスを始めるなら、何はなくともまずは店舗兼移動手段となる車が必要だ。

多くのキッチンカーの車体のベースとなっているのはトラックで、荷台部分に調理台や作業台、シンク、必要であれば冷蔵庫なども配置して屋根を取りつけるのが一般的だ。

もっと手軽にコストを抑えて始めたいなら、もともと屋根のあるワンボックスカーを改装してキッチンカーに仕立てるという手もある。

しかし、実際に営業しているキッチンカーを見てみるとワンボックスカーを改装したものはあまり見かけない。その理由は、体への負担が大きいからだ。ワンボックスカーは車体の全高（最高地上高）が高いとはいえ、室内の高さは約150センチメートルと大人がまっすぐに立てる高さではない。するとと調理や盛りつけ、レジなど一連の作業をずっと座ったままやるか、中腰で行うことになり、腰や首、背中に負荷がかかる。行列のできる人気店ともなると、何時間もこの体勢を維持し続けなければならず、大きな負担となってしまうのだ。

味や出店の立地はもちろんだが、根本的な事業資本である自分の体を壊しては商売にならないのだ。

焼肉店でガムを渡される理由は口臭ケアだけじゃなかった

焼肉店では会計の際、グループの人数分のミント味のガムがもらえることがある。ほかの飲食店にはないサービスなので、ニンニクがたっぷり入ったタレをつけた肉をふんだんに食べたあとの口臭ケアとして配られていると思われがちだ。

だがじつは、ガムが配られる理由はどちらかというと口臭ケアよりも、胃もたれ防止のほうにある。

食物には消化のいいものとそうでないものがある。消化は栄養を体内に取り込みやすくするために食物を分解することだが、食べたものによって消化するスピードは異なる。

たとえば、消化のいい食べ物の代表格であるおかゆなら1時間もかからずに胃の中で分解されるが、焼肉やステーキなどの脂っこい食べ物は消化に4時間近くかかってしまう。食べ物が長く胃の中にとどまっていると、胃もたれの原因となってしまうのだ。

そこで、脂っこいものを食べたあとにガムを噛むことによって、消化酵素が含まれている唾液を分泌させて消化を助ける。食後のガムには合理的な意味があったのだ。

ただし、一説によるとミントは一時的に唾液の量を減らす働きがあるというので、胃もたれしそうな時はミント味以外のガムを買って噛んだほうがいいかもしれない。

ピザもパスタもシェアはNG…
ヨーロッパの食事マナーとは

外食でイタリア料理を楽しむ時は、ピザやパスタをシェアすることは珍しくない。そのほうがさまざまな味を楽しめるし、お店もそれを見越して取り皿を用意してくれたりもする。

このスタイルこそ本場流だと思っている人は多いだろうが、じつはそうではない。イタリアではピザもパスタも1人が1人前を頼み、個々に食べきるのが暗黙の了解だ。

ピザはカットせずそのままの状態で出てくるので、自分でナイフとフォークを使って食べる。味見程度の交換はあっても、最初からシェアを想定して注文するのはまずないようだ。

イタリアのみならず、ヨーロッパのほとんどの国では外食でシェアする習慣はない。特にフランスやイギリスではマナー違反に近い行為で敬遠される。唯一例外なのは、大鍋で提供されるパエリアが名物のスペインくらいなのである。

もちろんレストランの種類やグレードにもよるので、完全にダメだというわけではないが、少なくとも、少しずつ取り分けたり、半分ずつ皿を交換したりするのは〝日本ルール〟ということは頭に入れておくべきだろう。

食べ放題の店で同じメニューばかり執拗に注文するのはなぜダメか

近頃めっきり増えたのが食べ放題の店だ。特に郊外型の焼肉店などは、ファミリー層を狙って子ども料金をかなり安くした価格設定で、お得感をアピールしている店も多い。

当然、食べ放題とうたわれているのだから、好きなものを好きなだけ注文していいのだが、同じメニューばかりを何十皿も頼むのは果たしてアリなのだろうか。

結論からいえば、おひとり様1品までなど、品数制限が定められていなければルールとしては問題ないということになる。だが、店側からみれば、そうとばかりもいえない。

食べ放題という業態が増えたのは、規格外の大食漢でない限り客が「元を取る」のはむずかしく、店側にもメリットがあるからにほかならない。

だから、たとえ単価の高いメニューを大量に頼まれたとしても店には大きな損はないのはたしかなのだが、在庫がなくなるまで注文されれば必然的にほかの客に回す分がなくなるだけだ。

店によっては、そういう客は、プロのフードファイターや大量に残す悪質な客などとともに要注意リストに加えられ、場合によっては出禁になることもある。

常識ある大人として、「ルールで決められていなければ何をしてもいい」わけではないことをおさえておこう。

トラブルの元？ウーバーイーツの「10分ルール」

街中を走るウーバーイーツの配達員は、すっかり見慣れたものとなった。リモートワークの普及によって需要が増え、ウーバーイーツ以外にもメニュー、ウォルト、出前館など、いくつもの業者が参入している。

新しい業界だからこそ、トラブルになることも多いが、それに対応するルールづくりも同時に進んでいる。

配達員にとって最も困ることのひとつが、客の不在などで「商品が届けられない」ことだ。

ウーバーイーツを例にあげれば、当初は「一定時間経って配達できない場合は配達をキャンセルする」という対応で、一定時間というのはだいたい10分というのが暗黙のルールだった。

現在では、10分タイマーという制度で、配達員が客先と連絡がつかずに立ち往生するという事態を防いでいる。一定の条件を満たしてから、10分タイマーを作動させれば、最終的に商品は破棄してもいいというルールだ。

ただし、これで解決と思いきや、10分タイマーの作動をめぐってのトラブルもあるという。「連絡なしにタイマーを作動された」という声もあるのだ。

ウーバーイーツの配達員はあくまでも個人事業主という扱いであり、会社としての従業員教育が徹底されているわけではないことを理由にあげる向きもある。

大人がお子様ランチを頼んだら断られる本当の理由

ハンバーグにエビフライ、コーンスープ、それにデザートのゼリーやプリン。お子様ランチというと、少しずついろいろな料理がひとつの皿に並んでいるが、そのわりには値段が安い。カロリーを気にしている人やダイエット中の人には「あれくらいでちょうどいい」という人も多いだろう。

しかし、ファミレスやレストランのなかには、大人がお子様ランチを注文すると断られるケースもある。なぜだろうか。理由は、儲けが少ないからだ。お子様ランチは店側にとっては儲け度外視のサービスメニューなのである。

お子様ランチの料理はどれも原価が高い。しかし量が少ないぶん、値段を抑えなければならず、利益率はかなり下がる。

そのため、もしも大人が大挙して注文すれば店の利益に響く。あくまでも、子どもを連れてきた大人がメニューと一緒に注文してくれることを前提にしているのがお子様ランチなのだ。

だいいち、いい大人がお子様ランチを食べている姿は、あまり見栄えのいいものではない。店全体のイメージから考えても、できれば大人には遠慮してほしいのだ。

そうはいっても、一部のカレー専門チェーンや牛丼チェーンでは、大人でもお子様ランチを注文できる店がある。たまには童心に返ってみるのもいいかもしれない。

寿司屋のお茶が熱いのにはワケがある

寿司屋に入ると真っ先に出てくるのが熱いお茶だ。真夏でも寿司屋に限っては冷茶が出されることはまずない。しかも、ちょうどいい熱さというよりも舌がやけどをしそうなくらいの熱いお茶が出されるのである。

一般的にお茶はぬるめのほうが味を楽しめていいといわれるが、どうして寿司屋ではひたすら熱いお茶が出てくるのだろうか。じつは、これには寿司屋ならではの理由がある。

それは、熱いお茶で口の中の脂っぽさや臭みを取るためなのだ。

いくらおいしいとはいえ、トロなどの脂ののったネタを食べていると、どうしても口の中に魚の脂っぽさや臭みが残ってしまう。

熱いお茶はそれらを取り去り、口の中をすっきりさせ、客に寿司をたくさん食べさせる役割を果たしているのだ。

逆に、これがぬるめだと脂や臭みが取れないばかりか、客がお茶ばかり飲んでお腹がいっぱいになってしまう。

つまり、熱めのお茶は寿司屋の売り上げアップにひと役買っているというワケだ。寿司屋の湯のみが厚いのも、持った時にお茶の熱さを伝えないためである。

使い終わったナプキンをきっちりたたんではいけないワケ

世界でも指折りの食通といわれる日本人だが、いわゆる西洋スタイルの食事マナーには苦手意識を持っている人が多い。

それでも、不慣れながらフランス料理などのディナーをいただく時は、持てる知識を駆使して西洋流にならうのが礼儀というもの。だが、残念ながら聞きかじりのその「知識」が間違っていることが多いのだ。

西洋スタイルの食事では、皿の上に布製のナプキンが扇のように美しく飾られている。もちろんこれは食事の際に膝の上に広げたり、口元に軽く当てて汚れを拭き取ったりするものだ。また、中座する時には椅子の上に置き「まだ食事中」であることを示す。

こうした使用法に関して間違いはないのだが、問題はすべての食事が終わったあとだ。几帳面な日本人は、たいていの人がナプキンを丁寧にたたんでテーブルの上に置いて席を立つ。だが、これは西洋ではとんでもないタブーなのだ。

というのも、ナプキンをきっちりたたむのは「満足できなかったので、もう二度とこの店には来ません」という意味になるからだ。では、どうすればいいかというと、ナプキンは多少くしゃっとさせたままテーブルに無造作に置いていかなくてはならない。

一見こちらのほうが行儀が悪そうだが、こうしておけば「ナプキンをこれほど使い込むまでにおいしかった」という意味になり、感謝の意を表すには正解というわけだ。

中華料理のターンテーブルの正しい回し方

食べ慣れた和食同様に我々日本人の生活になじんでいるものといえば、お隣中国の中華料理だ。サラリーマンが昼食にとるような気軽な定食類はもちろん、家庭でも作る人の腕しだいでけっこう本格的な中華料理が味わえる。

しかし、北京ダックやフカヒレスープといった高級中華は、そうちょくちょく食べられる代物ではない。これらのごちそうがターンテーブルにズラリと並べば、それだけで心躍るだろう。

さて、このターンテーブルだが、回す方向にきまりがあることをご存じだろうか。知らないとつい左右関係なく、お目当ての皿との距離が近いほうにテーブルを動かしてしまいがちだ。

だが本場中国では、ターンテーブルを左回りに回すのは最もやってはいけない行為である。なぜなら、中国では目上の人から順に時計回りに座る習慣があるため、ターンテーブルも必ず右回りに回さなくてはならないのだ。

もちろん、誰かが料理をとっている最中にテーブルを回すのもご法度。豪華な円卓に浮かれて気づいたら非礼なふるまいをしていた、なんてことがないよう注意しよう。

お酌された時の知っておきたい大原則とは？

披露宴やパーティーでは、よく親族や関係者がビール瓶を片手に列席者たちに挨拶回りをするものだが、お酌をしながら簡単にひと言程度の会話を交わすだけで、何となく交流がはかれた気持ちになるものだ。

「差しつ差されつ」が基本となるお酒の席だが、本来、日本の宴には、お酌を受ける側で犯してはならないタブーが存在する。それは、お酌を受けた時にひと口も飲まずにグラスを置くことだ。

つまり、いくら飲みたくないと思っても注いでもらったのにまったく口をつけないままテーブルに置いてしまうのは相手に対して失礼にあたる行為なのだ。

ではどうするのかというと、お酌を受けたら半分ほど飲んでテーブルに置く。そして再びお酌された時には残っているお酒を飲み干してカラの状態で受け、また半分ほど飲んでテーブルに置く…、この繰り返しが本来のお酌の受け方である。

料亭などで使われているビールグラスや日本酒のおちょこが小ぶりなのは、じつはこのお酌のやり取りを多く行うためともいわれている。

日本のお酒の席では、「お酌」そのものがコミュニケーションを図る手段となっているのだ。

ちなみに、お隣の中国では「乾杯」といえばその名の通り「杯を乾かす」、つまり一気に飲み干して器の底を相手に見せるのが慣わしとなっているが、日本でこれをやっても親睦が深まるどころか「ただの大酒飲み」と思われることもあるので気をつけよう。

おでんの屋台で、ダシ汁を飲むのは〝ご法度〟!?

寒い季節になると、どうしても食べたくなる食べ物のひとつにおでんがある。特に屋台の赤のれんに「おでん」の文字が見えると、もういてもたってもいられない、という左党も多いだろう。おでんの魅力は具もさることながら、あのダシ汁にもある。皿の底に溜まっているダシ汁にひたして食べるからこそおでんはうまいのだ。

箸の先でちょっと触るだけでくずれるほどじっくりと煮込まれたのをダシ汁と一緒に口の中に流し込めば、それだけで至福の気分になる。

しかし、調子に乗ってダシ汁ばかりを飲んでしまい、おかわりをすると屋台の店主ににらまれることになる。自分の家でつくったおでんなら好きなだけダシ汁を飲もうと自由だが、屋台ではやたらとダシ汁を飲むのはご法度だ。

屋台のダシの中身はその店主だけが知っている、いわば企業秘密のようなもので、しかもそこに、いろいろな具のエキスがしみ出していて絶妙な味加減になっているのだ。その絶品の味をみんなで共有しようというのが屋台のルールで、それを独占することは許されないのだ。

だいいち、みんながダシ汁ばかり飲んでいたら、ダシ汁はあっという間になくなってしまう。店舗ではなく屋台のおでん屋では、あらためて材料をつぎ足すこともできない。

ちなみに、東京の下町にあるおでん屋では、少し残ったカップ酒にダシ汁を足してくれる「出汁割り」なるサービスを提供している。常連によるとこの時の酒は「常温に限る」のだそうだ。

待ち時間が長くても文句は言えないうなぎの謎

短気は損気というが、本当に気の短い人にはそんな忠告もあまり意味がない。なかにはレストランや食堂などで少しでも待たされるとイライラしてしまい、挙句の果てに帰ってしまうような極端な人もいる。

しかしながら、うなぎ屋に行った時だけは、どんなに気の短い人も「出てくるのが遅い」などと言って怒ってはいけない。ここで短気を起こすのは、おいしいうなぎを食べたことがない証拠だ。味自慢の老舗のうなぎ屋は客を待たせるものなのである。

というのも質のいいうなぎ屋は、客の注文が入ってからうなぎをさばく。間違っても、あらかじめ下ごしらえと称して開いたりはしないものだ。

こうなれば当然、客前に出すまでには時間がかかる。うなぎを食べようと思ったら、まずはこの時間を想定して頼まなくてはならないのである。うなぎを食べる時こそゆったり、ゆっくりの精神が大切なのだ。このことをわかっていないと、自分だけがカリカリしてせっかくありつけたうなぎの味も半減するのである。

「わさびは醤油に溶かしてはいけない」は本当か

刺身を食べる時、醤油とわさびは欠かせないものだ。

醤油だけでもいいが、わさびのツンとした刺激があればこそ「刺身を食べた」という気分になれるという人も多いだろう。まさに日本人ならではの味覚だ。

ところで、刺身を食べる時に目の前に醤油とわさびがあると、まず、わさびを醤油に溶かす人がいる。

「わさび醤油」という言葉もあるくらいだから、当たり前のことのように思えるのだろう。

しかし、刺身を本当においしく食べるためには、これはやらないほうがいい。わさびを醤油に溶かすと、わさび独特の風味が消えてしまうからだ。

ではどうすればいいかというと、わさびは少量を刺身の上に乗せるのである。そうしておいてから刺身に少しだけ醤油をつけて食べるのだ。

こうすることで、わさびが持つ本来の風味が生かされて醤油の味も損なわれないうえ、刺身そのものの味が最も引き立つのだ。

ちなみに、刺身を口に運ぶ時に醤油が垂れそうだからといって、手をそえるのは「手皿」といってマナー違反になる。刺身に限ったことではないが、つゆなどが垂れそうな料理は皿や器を手に持って食べるのが基本なのである。

ヘルプについたホステスを口説くのはタブー

クラブやパブ、キャバクラなどに行くと楽しくてついハメを外してしまうこともあるだろう。だが、どんなに酔って浮かれてもやってはいけないことがある。

それは、お気に入りのホステスを指名してテーブルについたら、その女性以外を口説いてはいけないということだ。

指名したホステスに別の客の指名が入ると、彼女が席を外している間にヘルプである別の女性が相手をしてくれるが、そのヘルプの女性がいくら美人でなじみの女性より話が弾んだとしても、指名した女性以外は口説いてはダメなのである。

ホステスから見れば、客は自分の売り上げ実績そのものにほかならない。そして、それらは直接彼女たちのポイントとして給料に反映されてくる。つまり、客を取られるのは自分の給料を横取りされることと同じなのだ。

つまり、こういう行為が日常的に平気で行われてしまうと、ヘルプの女性に安心して自分の客をまかせられなくなるし、ホステス同士の関係もギクシャクしてくる。そうすると店内の雰囲気は荒れかねないし、客にしても楽しくなくなるはずである。そうならないためにも、客はホステスやキャバクラ嬢たちの職場のルールを知っておいたほうがいい。

ホステスに本名を聞いてはいけない本当の理由

水商売の世界では自分の本名とは違う名前を源氏名として使うことが一般的である。しかし、お気に入りのホステスがいて、たとえ彼女の売り上げに多大な貢献をしたとしても、ホステスに向かって本名を聞くのはほめられた行為ではない。

そもそもこの源氏名というのは、『源氏物語』に登場する女性が、「〇〇御前」や「〇〇の君」などと、本名ではない呼び名で呼ばれていたことに由来する。平安時代は、〝実名敬避〟（特に「名」を呼ぶのを遠慮すること）といって、女性の実名を口にするのはタブーだったのだ。

それがその後、江戸時代の大奥に受け継がれ、今の芸者さんなども立派な源氏名を持つようになったのだ。

もちろん、クラブやキャバクラでの源氏名に平安時代の習慣の名残はないが、夜の世界の水商売には〝現実逃避〟というテーマがある。そのためホステスはきれいに着飾り、本来の自分を覆い隠すのだ。

ホステスという仕事が、客と会話をしながらきらびやかな擬似恋愛を楽しむという職業だと思えば、本名を聞いて現実の世界を知ってしまうのはまさしく野暮というものだ。夜の遊び方を心得た紳士を気どりたいなら、けっしてホステスたちに本名を聞いてはいけないことを肝に銘じておこう。

なぜホステスのお見送りはエレベーターの前までなのか

夜も更けてくると、歓楽街ではタクシーに乗る客を店の外でお見送りするホステスの姿をよく見かける。

だが、高級クラブのベテランホステスともなると、店の入っている階のエレベーターの前までしか見送ってくれないことがある。

これはほの暗い店内から、エレベーターの中のように青白い蛍光灯で照らされた明るい場所に出ることを避けるためだ。その理由はただひとつ。客の前に化粧をした顔をあらわにしないようにというプロ意識からである。

薄暗い店内でホステスと酒を飲んで、帰りにいい気分でエレベーターに乗ったとする。ふと一緒に乗り込んだホステスの顔を見るとさっきとはまるで別人で、長時間の接客で化粧が落ちかかり、大きいと思っていた目はアイシャドウとマスカラのおかげだった…。

こんな現実を目の当たりにしたら、ほろ酔い気分は一気に醒めてしまい、次からは別のホステスを指名するか店を変えてしまうかもしれない。

そうならないためにも、お見送りはエレベーターの前までと規定で決めている店もある。

店の外まで出てきてくれないのはさみしい気もするが、じつはそのほうが店内での夢のようなひと時がしらけなくてすむのである。

一見さんでも失敗しないバーの〝しきたり〟

本格的な大人のバーでグラスを傾けるのは世の男の憧れである。

ある程度の年齢になったら、ふらりと立ち寄った店で1人静かに飲むような、しゃれた大人の酒の飲み方をマスターしたいものだ。

そこで、まずは肝に銘じておきたいのが、初めて訪れたバーでは、どんなにカウンター席が空いていてもそこに勝手に座るのは、歓迎される行為ではないということだ。古くからやっている粋なバーには必ず常連客がいる。そして彼らがおよそ来る時間や座る場所、そして帰る時間までもが決まっているものだ。そこへ一見客が何も言わずにカウンターにどかっと座ってしまうと、店側は足蹴にすることもできず困惑してしまうのである。

初めてのバーに入る時はその店の流儀に任せ、店主から促されてから腰を下ろす。そして、常連になって初めて自分の定位置を獲得するものなのだ。

\ Step /

4

メディア、スポーツ…
そこには
謎の壁がある

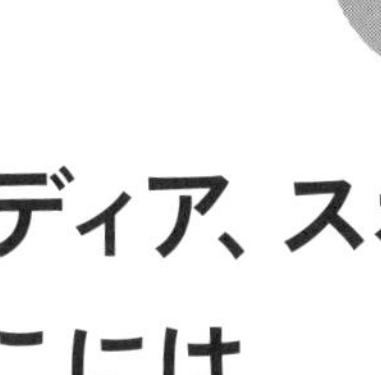

サッカーの試合では
リフティングドリブルをしてはいけない

サッカーのワールドカップ中継では大人から子どもまで熱狂し、休日ともなれば各地のグラウンドでサッカーの試合が行われる。今や野球と並んで愛されているスポーツがサッカーだ。

明文化されているルールのほかにも、暗黙のルールが存在するのはほかのスポーツと同様である。

2019（令和元）年の9月に行われた日本代表戦では、日本人選手がとったプレーに怒った相手チームの選手から報復のタックルを受けて倒れ込むという事態が発生した。そのプレーとはリフティングドリブルだ。

特に危険なプレーには思えないリフティングドリブルがなぜそんな事態を引き起こしたかといえば、それが挑発行為ととらえられたからだ。

リフティングドリブルは、相手を舐めているプレーだとみなされる危険がある。

特にリードをしている立場で必要もなくリフティングドリブルする選手がいたら、相手チームを「馬鹿にしている」ととられてしまう。

つまり、国際試合でサッカー熱が日本とは比べものにならない相手と闘うなら、報復を招きかねない危険な行為なのだ。とりわけ南米のチームではこの意識が強い。

もちろん規則違反ではないからペナルティがつくものではないが、けっしてほめられたプレーではないのである。

自転車レースでは、どうして集団内で先頭を交代する？

色とりどりのカラフルな自転車が、いっせいにスタートしてスピードを競う自転車レースは、見た目以上に高度な作戦が勝敗を分けるスポーツだ。

そこには、公平な競争をするために守るべき基本的なルールが存在する。

トップ選手が参加する自転車レースでは、平均時速は70から100キロメートルにも達するといわれる。ある程度の集団で走る場合は、その先頭に位置する選手が受ける空気抵抗と、後方にいる選手の空気抵抗の差はかなり大きくなるのだ。

そのため、選手間の暗黙の了解として「ローテーション」を行うことになっている。これは文字通り、先頭を走る位置を順番に交代する行為だ。位置を交代しながら走ることで、空気抵抗による悪影響を平等に引き受けようというのだ。

実業団や国際レースなどでは、このローテーションを行うのは当然のことで、自分だけが空気抵抗の小さい後方に居続けるということはありえない。まさにスポーツマンシップを体現しているようなローテーションルールだ。

しかし、市民レースなどではこの不文律が徹底されず、うまくローテーションが回らない場面もあるのだという。

テレビ中継などを観る際には、そんなところにも注目すると面白さも増すだろう。

初心者がチェックするべき皇居ランのルール

ランニングはお金も手間もいらない手軽な運動として、忙しい社会人やシニア層を中心に広く楽しまれている。自宅の近くを走るのもいいが、時には景色のいい場所を走るのが楽しみという人も多いだろう。

ランニングの聖地のひとつとして人気なのが、東京都心のど真ん中にある皇居だ。休日ともなればカラフルなスポーツウェアに身を包んだランナーたちが皇居の周りを走って汗を流している。

とはいえ、皇居をぐるりと囲んだ道は、あくまでも公共の歩道だ。皇居ランが人気になるにつれ、歩行者とランナーがトラブルになるケースが増えたため自然発生的にルールが生まれ、それを整理する形で行政から利用マナーが提示された。

まず知っておきたいのは、皇居ランは反時計回りに走るということだ。さらに、歩道の左側を走行し、原則として追い越す場合は右側からとなる。

その場合も、歩行者が優先というのが鉄則で、集団で走ったり、スピードを出して走るのは避ける。イヤホンで音楽を聴いたり、通話をしながら走るのも控えたい。

海外からの観光客も増え、皇居の周りは季節を問わず混雑している。歩行者に迷惑をかけないよう、ランニングのマナーを守ることを心掛けたい。

卓球の試合で11対0が避けられてきた理由

野球で完全試合というと、先発投手が相手チームの打者を一度も出塁させずに勝った試合のことをいうが、このような完璧な勝利を達成した投手には大きな称賛が与えられる。

だが、なかには完封で相手を倒すことをフェアとしないスポーツもある。たとえば卓球だ。

卓球は2000年代に入って大幅な公式ルールの変更があり、それまでは21点先取したほうが1セットを取ることができたが、現在は11点制になっている。

どちらかが先に11点取ると勝ちなのだが、以前のルールに比べると1セットが短く、選手同士の力に大きな差があればスコアが11対0になることも起こりえる。

だが、この相手を完全に打ちのめしたようなスコアは、「礼節を欠く」として卓球界、特に卓球王国の中国では歓迎されていない。

たとえば、10対0の局面で勝っている選手がサービスミスをして相手にポイントが入ると、会場から拍手が起こることもある。それが故意であるかどうかにかかわらずだ。

ただ、全力で戦わないのはスポーツマンシップに反すると考える選手や関係者もおり、2018（平成30）年になって中国ではインターネット上で大議論が巻き起こった。

その後、ルール発祥の地である中国の選手が何と11対0の完封試合でゲームを締めくくり、「これが相手を尊重すること」と語った。以来この暗黙のルールは〝一応無効〟になったとされている。

相撲の弓取式で弓を落としてしまった時の正しい〝ふるまい〟とは？

大相撲ですべての取り組みが終わり、熱気が残る土俵の上で最後に行われるのが弓取式だ。これが始まるとさっさと帰る観客も多いが、本当の相撲好きはこの弓取式にも「よいしょ」の声をかける。そして、その日の取り組みの余韻に浸るのだ。

もともとは戦国武将の織田信長から優勝の弓を賜った力士が、その弓を持って土俵上で舞を舞ったのがはじまりとされる弓取式だが、じつは意外なタブーがある。

もしも力士が弓を落としてしまった場合、絶対に手で拾い上げてはならないのだ。ではどうするのかというと、足で跳ね上げて手で受け止める。礼儀を重んじる相撲の世界だが、落とした弓は意外にも足で拾うのである。

土俵に手をつくと「負け」になるのが相撲の世界。力士が土俵に手を触れるなどもってのほかと考える人も多いだろうが、そうではない。

じつは、かつて弓を落とし、それを足で拾った力士がいたのだ。大正時代に活躍した常陸《ひたち》島という力士がその人だ。

常陸島は弓取式の最中に弓を落としたが、少しもあわてず、弓の端を足で踏んで、跳ね上がってきたところを手で「はた」と受け止めた。その動きがじつに素晴らしいと評判になり、それ以降は落ちた弓は足で拾うことが慣習になったのだ。

たしかに力士が「よっこいしょ」と弓を手で拾い上げる姿はあまりカッコのいいものではない。まさに相撲への美意識が生み出したタブーだといえるだろう。

サーフィンでほかの人が乗っている波に後から乗ってはいけない

大自然を相手にするサーフィンの世界には、単なるマナー違反程度ではすまされない、一歩間違うと大きなケガにつながりかねないタブーがある。

サーフィンは原則として、ひとつの波には1人しか乗ってはいけないことになっている。すでに先に乗っている人がいる時に少し離れているから大丈夫だろうと、その人の進行方向に割り込んで波に乗ってはいけないのである。

この行為は「ドロップ・イン」とか「前乗り」と呼ばれる危険なもので、割り込まれたサーファーは、口笛を吹いたり大声を出したりして相手に危険を知らせることになっている。

逆に、うっかりして他人の波に乗ってしまった場合は速やかに譲るのがマナーだ。

ちなみに、波に乗る時の優先権は、その波のピーク（頂上）に一番近いところで波を待っていた人にある。

サーフィンには「ローカリズム」という言葉があって、その海を知り尽くした地元のサーファーに敬意を表することを忘れてはいけない。

マナー違反を繰り返して地元のサーファーの間で悪評が立ってしまうと、二度とその海でサーフィンはできないということもあるという。

メジャーリーグで背番号「42」を使わないようにしているのは？

色とりどりのユニフォームでファンの目を楽しませてくれるアメリカのメジャーリーグだが、毎年4月15日になると、グランド上には目を疑いたくなるような光景が広がる。

その日行われる試合では、すべてのチームの選手とコーチが背番号「42」のユニフォームを着用して試合に臨むのである。選手ばかりか、審判までもが袖にこの番号をつけるという。

これは、1947（昭和22）年に近代野球で初の黒人メジャーリーガーとなったジャッキー・ロビンソンの栄誉をたたえるためのものだ。

彼がデビューを果たした4月15日を「ジャッキー・ロビンソン・デー」として、全選手が彼の背番号である42を背負ってプレーするのである。

ちなみに、この42という背番号は１９９７（平成９）年から全球団共通の永久欠番に定められているので、毎年、４月15日にだけ許される背番号というわけだ。

それにしても、たった1日のために特別仕様のユニフォームを全選手分用意するのだから、プレー同様メジャーリーグのスケールの大きさには驚かされるばかりだ。

相撲や剣道で、勝者はガッツポーズをしてはいけない

大相撲初場所の千秋楽でみごと優勝を決めた元横綱の朝青龍が、土俵の上で両手を高々と上げてガッツポーズをしたことがある。２００９（平成21）年のことだ。

ところが、この派手なパフォーマンスに対して横綱審議委員会から厳しい意見が出された。伝統ある大相撲であのようなパフォーマンスは横綱として品格がなさす

ぎる、というのだ。

国技として代々、礼儀を重んじて伝統を守り通してきた相撲界では、勝者には敗者に対する配慮が求められ、礼を欠くようなことがあってはならないとされている。そのため、明文化こそされていないものの、土俵の上でガッツポーズなど感情を表す行為はもってのほかとされているのだ。

こうした精神は日本古来の武道の世界にも通じるもので、実際にある剣道の試合では、勝者が小さなガッツポーズをしてしまったために審判から負けを宣告されたケースがあった。

相撲は神事であって興行ではないのか、それとも相撲もれっきとしたプロスポーツなのか。相撲のあり方をめぐる論争は今もなお尽きることはない。

力士は左手で懸賞金をもらってはいけない

懸賞がかかった取り組みに勝った力士が、軍配の上に載せられた祝儀袋をうやうやしく受け取る。この時に欠かせない礼儀作法が、軍配に向かって右手で左・右・中の順に手刀を切るという動作だ。

力士が手刀を切る風習は古く江戸時代にまでさかのぼり、現在では日本相撲協会からも「懸賞は手刀を切って受け取ること」と通達が出されている。

ところで、この手刀の切り方をめぐってかつてある騒動が持ち上がったことがある。左利きの横綱が左手で手刀を切って左手で懸賞金を手にしていたが、これについて横綱審議委員会から待ったがかかったのである。

そもそも、手刀を切るという動作には意味があって、三方にいる五穀豊穣を司る三神への感謝の意を表している。手刀は神聖な土俵の上で行う勝者の作法であり、神事であると考えられているのだ。

ましてや、力士が外出する時の服装を着物か浴衣に定めているほど伝統や格式を重んじる相撲界のことである。古くからの作法に反して、左手で手刀を切ることはタブーとされているのもわからないではない。

ちなみに、手刀を切るのは日本人特有のしぐさで、欧米では見ることはない。

登山の前に絶対忘れてはいけないこととは？

一時の〝山ガールブーム〟から、高齢者もこぞって登山を楽しんだりと、登山はかなり身近なレジャーになった。シーズンになると、若いカップルや家族連れなどで山頂がにぎわうことも珍しくない。

だが、その一方で山の知識を持たずに入山する人も増えている。

どんなに登山経験がある人でも、道を間違えてさまよったり、急な天気の変化で方向を見失って遭難することはある。そこで、登山者のルールになっているのが「登山計画書」の提出だ。

これは、「登山届」や「入山届」ともいわれるもので、登山者の人数と氏名、コース、時間、宿泊予定の山小屋、下山予定、緊急連絡先などを記入する。

提出先は、山を管轄する都道府県の警察本部地域課や山岳会で、郵送やスマホでできる。もちろん、家族にも詳細を伝え、登山計画を共有することも重要だ。

最近では遭難者自らが山から携帯電話を使って救助を要請することも多いが、場合によっては携帯電話が使えないこともある。そんな時に捜索願を出せるのは家族だからだ。万が一、遭難しても命を落とさないために絶対に必要な書類なのである。

天気のいい日に新雪の上をスキーで滑るのは危ないワケ

雪崩というと、かなり大きな山でなければ起こらないと信じ込んでいる人もいるが、実際には身近なスキー場でも雪崩は起こる。もちろん、人が巻き込まれて大惨事になるような規模の雪崩も十分に起こり得る。

しかし雪山に慣れていないと、どんな状態だと雪崩が起こりやすいか、どうすれば雪崩を引き起こす可能性があるのかがわからない。

最も冒しやすい危険な行為は、新雪の上を滑ることだ。

何の跡も残っていない新雪を見ると、ついそこを滑ってみたくなるスキーヤーやスノーボーダーもいるだろう。

ところが、これは危険極まりない行為だ。特に天気のいい日に新雪の上を滑るのは、雪崩のスイッチを入れるようなものなのだ。

天気がいいために雪の表面が溶けて雪がゆるんでいるからで、そこをスキーやスノボで滑って刺激すると、それだけで雪崩を引き起こすことがある。

斜面に積もっている雪がうまくバランスをとっている間はいいが、そこをスキーやスノボで横切ることでバランスがくずれ、雪崩につながるのだ。

スキーヤーやスノーボーダーは滑って逃げることもできるかもしれないが、雪山には登山者もいれば仕事で山に入っている人もいる。雪崩はそんな人々も容赦なく襲うのだ。新雪の恐ろしさをしっかり認識して、雪崩に巻き込まれることだけは避けるように心がけたい。

オリンピックの日程に隠された深い思惑とは？

4年に一度のオリンピックは、単に世界最高峰のスポーツの祭典というだけでなく、開催国の威信をかけた大イベントである。政治的背景や行き過ぎた商業主義などいろいろな問題が絡みつつも、それを乗り越え、最大限に盛り上げることが開催国の使命だ。

そんなオリンピックの種目のなかで最も人気の高いもののひとつが陸上競技で、テレビ中継の視聴率も高水準だ。

それほど人気があるのなら、オリンピック開幕と同時に陸上競技をスタートさせてもいいはずだが、実際にはいつも会期の後半に設定されている。陸上競技が始まると、「そろそろオリンピックも後半だな」と実感する人も多いはずだ。

じつは、陸上競技を日程の前半に設定することはオリンピック運営のタブーとされている。そこには過去のひとつの失敗がある。

１９５６（昭和31）年のメルボルン大会のことだった。この時、陸上競技は日程の前半に組まれていた。そのために競技開始から半ばで出場選手たちの出番が終わり、そのまま帰国してしまった。

陸上競技の選手は数も多い。そのため閉会式は入場する選手が少なく、ほとんど盛り上がらなかったのである。

開会式と閉会式はオリンピックの顔であり、世界中がその演出に注目している。盛り上がらなければオリンピック全体の評価も下がるのだ。

この失敗を教訓とし、次のローマ大会以降は陸上競技は日程の後半に組まれることになったわけだ。

リアルな世界と変わらない？意外とシンプルなオンラインゲームの裏ルール

ビデオゲームを使ったオンラインゲームの対戦をスポーツ競技の一種とする「eスポーツ」というジャンルが盛り上がりを見せている。

海外では大きな大会ともなれば1万人以上の観客を集めるほどの人気で、国際オリンピック委員会（IOC）が主催する大会も開催されている。IOCが日本政府に2026（令和8）年大会の開催を打診しているというニュースもあり、ますますその存在感は増しそうだ。

ところで、オンライン上で他人と対戦するゲームは、最低限のルールを守らなければ成り立たない。子どもから大人まで、年齢を問わずに楽しめるからこそ、モラルやマナーが大切なのだ。

当然のことだが、ゲームのスタート時には必ず挨拶をする。音声でもチャットでも、声かけはマナーだ。チームプレイが必要なゲームであっても、他人に参加を強制するのはご法度だ。

学生や社会人など、プレイヤーの持つ背景はさまざまで、自分の都合で相手を動かそうとしてはいけない。

また、ゲーム内のアイテムをねだったり、暴言を吐いたり煽ったりすることもご法度だ。これは当たり前のモラル意識があれば理解できるだろう。

不利な状況になっても、無断で回線を切断してはいけない。いくら負けたくなくても、チームプレイである以上これはマナー違反だ。

さらに、初心者に対しては親切に教えたり、逆に初心者であれば素直に教えに従うなど、顔が見えず、さまざまな年齢層が集まるオンラインゲームだからこそ、より慎重に対応する必要がある。

対面と同様の心持ちでゲームを楽しみたい。

パチンコ店の店員が絶対に守らなければいけないルール

一度楽しみを覚えたら、ついアツくなってしまうのがパチンコだ。開店前の店先に行列ができているのを見かけたりすると、つくづく日本人のパチンコ好きを実感してしまう。

さて、そんなパチンコ店の店員にもパチンコ好きは多い。まあ、好きでなければあれほど騒々しい場所で働く気にもならないだろうから、当たり前といえば当たり前なのだが。

ふつう、アパレル店でもメーカーでも、そこで働く人は自社の商品を買ったり、使ったりするものである。だが、パチンコ店の店員に限っては、自分の店の台で遊ぶのはご法度だということをご存じだろうか。

もちろん店員だからといって、全員が出る台を知っているわけではない。だが万が一、自分の店で大当たりの台に座ってしまい連チャンなどしたら、ほかの客からあらぬ誤解を招いてしまう。

ギャンブルという性格上、勝手を知っている自分の店で遊ぶのは店の信用にも関わるのだ。

このルールはパチンコ業界では一般的で、公正な店の運営と信頼性を保つためには必要不可欠なのだ。

いくら大金をつぎ込んでも玉が出ない時は、これほどストレスがたまる場所はない。その横で見慣れた店員がパチンコ玉を次から次へと出していたとすれば、反感を買うことにもなりかねないだろう。

お化け屋敷のスタッフが絶対やってはいけないこと

お化け屋敷といえば、遊園地やレジャーランドなどの定番アトラクションのひとつだ。

カートに乗って移動する客を機械仕掛けのお化けたちが脅かしてくるところも多

いが、昔ながらに通路を歩いているとお化けに扮した人間が追いかけてくるお化け屋敷も臨場感があって根強い人気がある。

この後者のお化け役のスタッフだが、じつは客には触れてはいけないという暗黙のルールがある。

お化けが追いかけてきた時に恐怖のあまりその場に立ちすくんでしまったとしても、お化け役の人は客を捕まえたり触れたりはしないのだ。

お化け屋敷の設定にもよるが、お化けはたいていゾンビだったり幽霊だったりする場合が多い。

幽霊に触られて、その際に人間の温かい体温が伝わってきたりしたらそれこそ興ざめである。

また、触れたことにより事故が起きてもいけないし、客からお化けにセクハラされたなんて訴えられても困ったことになってしまう。

今度、お化け屋敷に行ってお化けが追いかけてきたら近寄ってみるといい。きっと困惑したお化けのほうが一目散に走って逃げていくかもしれない。

ルールには書いてない マージャンのタブーあれこれ

勝負事はいろいろあるが、マージャンほど頭の体操になるゲームもないだろう。点数計算や役の種類などは一朝一夕ではとてもマスターできないが、一度覚えてしまえばあとは一生つき合える趣味になる。最近では、老人会などで卓を囲むことも多いそうだ。

多少ルールが複雑なのはいうまでもないが、マージャンを打つ者なら覚えておきたい約束事がいくつかある。

勝ち逃げや、逆に勝つまでやめないといった子どもじみた行為は言わずもがなだが、やはり多いのはゲーム中におけるルール以外のタブーである。

たとえば、そのひとつがリーチをかけて上がる前に裏ドラを見てはいけないというものだ。

マージャンを打つ人には説明するまでもないが、リーチをかけたらあとはツモるだけで、自分の手を二度といじることはできない。

したがって、自分だけ裏ドラを見てもゲーム自体には何の影響もないのだが、残りの3人にしてみれば何とも不快な行為に映る。

ましてや、裏ドラを見て「高くなったよ」などと不敵に笑われれば、不愉快もいいところだ。

同じように、リーチをしたあとにほかの人の手を覗くのも避けるべきだ。頭脳的なゲームだけに、楽しむ側も品のない行為は慎んだほうがいい。

蛍観賞で守らなければいけない鉄則とは？

初夏の風物詩といえば、蛍もそのひとつだ。街中ではさすがに観ることはできないが、ほんの少し郊外に足を延ばせば、闇夜に光るかわいらしい姿が観られる場所もまだまだ多い。

わざわざ観に行くのだから、せっかくなら写真でもと思う人もいるだろうが、ここで覚えておいてほしいのは蛍にはカメラのフラッシュは禁物ということである。

理由はいたってシンプルで、蛍が強い光を嫌うからだ。

蛍はデリケートな生き物のため、強い光や大きな音などが大の苦手だ。蛍観賞ではフラッシュをたかず、静寂を守るのが基本なのである。

カメラのフラッシュや懐中電灯で照らされたり、大声で騒ぎ立てられたりすると、あのおなじみの乱舞も見られないし、ひどい場合は光さえ発しなくなることもある。風流な蛍観賞を楽しみたいなら、ぜひこのルールは守りたい。

サウナーが改めて確認すべき、サウナでの暗黙のルールとは

今は第三次サウナブームだといわれている。途中にはパンデミックという非常事態もあったが、そこを乗り越えてなお、世の中にはサウナ愛好家、通称「サウナー」が増加している。そんなサウナにも暗黙のルールがある。第二次サウナブーム世代にとっては勝手が違うものもあるので、今一度押さえておきたい。

サウナに入る前に体を洗うことや、水風呂に入る前には汗を拭くなど基本的なマナーもあるが、コロナ以降、特に嫌われるのはサウナ内での大声でのおしゃべりである。

かつては「大人の社交場」と呼ばれたように、仲間で入ってコミュニケーションをとるのがふつうだったが、今は大人数で入るのも、必要以上におしゃべりするのもマナー違反だ。サウナのベンチにタオルを敷かずに直接座ったり、寝っ転がるのもご法度。サウナ室でタオルを絞るのもやめておこう。

また、最近ではサウナストーンに水をかけて蒸気を浴びる「セルフロウリュ」を設置しているところも多いが、これを行う前にはひと声かけるのが望ましいとされている。

ロウリュを行うことで一時的に温度も上昇するので、回数もせいぜい1～2度にとどめたほうがいい。この配慮はいかにも日本らしいと思いきや、じつは本場のフィンランドでも同じらしい。

たびたび議論を呼ぶ新幹線のリクライニングではないが、こういう場面ではやはり軽く断りを入れておけば、トラブル防止につながるというわけだ。

並べてみればどれも当たり前のマナーだが、これらを守って初めて気持ちよく〝とこのう〟ことができるのである。

歌舞伎で絶対にかけ声をかけてはいけないタイミング

「成田屋！」「音羽屋！」「いよっ！　待ってました！」という威勢のいいかけ声は歌舞伎の舞台につきものだ。芝居の雰囲気を盛り上げる効果があるのはもちろんだが、まわりの観客の拍手にも自然と力が入る。

人気の役者がここ一番の大見得を切った時などは、誰でもつい声援を送りたくなるものだが、歌舞伎に精通したかけ声のプロたちはけっして勝手なタイミングで大声を出しているわけではない。

歌舞伎の世界では、かけ声が役者の台詞にかぶって重なってしまうのは厳禁とされているのだ。

そもそもこの声援は「大向こう」と呼ばれており、舞台から最も遠い席という意味の大向こうからきている。昔から常連の歌舞伎通たちは舞台から遠い3階席に陣取ってかけ声を送っていたことから、しだいにそう呼ばれるようになったらしい。

だから、この「大向こうさん」たちはかなり歌舞伎に詳しくなければ務まらない。演目の内容やその台詞、またそれぞれの役者の立ち回りのクセなど、すべて把握したうえで大向こうを決めなければならないからだ。歌舞伎の世界には、観客の側にも昔からの〝掟〟があるのだ。

少し歌舞伎をかじったくらいで「成田屋！」と声を張り上げたりすると煙たがられることもあるので、ご注意を。

能を鑑賞する時は、拍手をしてはいけない

舞台の上に演者が登場すれば、自然と拍手をしてしまうものだ。芝居などでは拍手とともに「待ってました」のかけ声で役者も気分よく演技を始められる、ということもある。

舞台に向かって拍手を送るのは観客にとって当たり前のことだと思っている人もいるだろうが、拍手をしてはいけない舞台がある。それは、能だ。能は、開演の時も終演の時も拍手をしない。拍手はそもそもマナー違反とされているからだ。

これは能という演劇の持つ独特の形に関係がある。まず、能の舞台と客席の間には幕がない。しかも始まる前から終わったあとまで舞台は同じ明るさで照らされていて暗転もしない。舞台は観客の目に常にさらされているのだ。

さらに囃子方が、静かに、まるでいつの間にかそこにいたというような感じで現れ、演じるシテ・ワキも、やはり同じようにしずしずと登場する。終わったあとも観客に向かって挨拶することもなく、やはり静かに退場していくのだ。

じつはこれが能というものの特徴で、いつの間にか始まっていて、いつの間にか終わる――。まるで夢を見ていたかのような気分のなかで、能の世界に身をゆだねるわけだ。

そんな能に拍手はふさわしくない。終わったあとも、ただ余韻にひたっているのも能らしさなのである。

海外からの観光客にも大人気のコミケに関する暗黙のルール

世界最大級の同人誌即売会として知られているのが、コミックマーケット、通称コミケだ。

東京ビックサイト（東京国際展示場）を会場に、夏と冬の年2回行われるコミケは、準備から当日の運営まですべてボランティアで行われ、アマチュアからプロ作家、企業がサークルとして出展するお祭りである。

近年では海外からのファンも多く来場し、運営のコミックマーケット準備会によれば２０２３（令和５）年冬のコミケに来場した人は2日間で27万人、少なくとも40か国の国籍を確認したという。

この一大観光イベントとしても盛り上がるコミケには、知っておきたい暗黙のルールが存在する。初めて参加する時は、より楽しい時間を過ごすために覚えておきたい。

まず、サークル出展者やスタッフ、一般客は等しく参加者であるということである。

一般客のなかには、コスプレをして楽しむ人も多いが、コミケというひとつのイベントをつくり上げるという点においては、サークル出展者やスタッフと同じ責任があると考えなければならない。

節度ある行動が求められるし、客だから好きなことができるという勝手な理屈は通らない。

もちろん、無用なトラブルは厳禁だ。参加者がほかの人の活動について批判するのはご法度で、互いの趣味を尊重した行動が求められる。

また、サークル出展者は、両隣の出展者に必ず挨拶をする。至極当たり前のことだが、知らない人同士でも気持ちよく活動するためのマナーだ。

過去に起きた脅迫事件などの教訓から、1日に3回「一斉点検」も行われる。すべての参加者が周囲の安全を確認する大切なルールだ。

ボランティアで運営され、参加者全員で運営されるコミケは、暗黙のルールが安心・安全を成り立たせている驚愕のイベントなのである。

歯ブラシのテレビCMのイメージ図に少し汚れが残っているわけ

歯周病がさまざまな病気につながることが認知されたり、きれいな白い歯がもてはやされたりするなか、口腔ケア用品はますます充実し、機能もアップしている。磨きやすさを追求した歯ブラシだけでなく、素材や太さにもこだわった歯間ブラシや、液体マウスウォッシュなど種類も豊富だ。テレビCMなどでは、イメージ図を使ってその製品の効果を説明している。

しかし、このイメージ図をよく見てみると、完全に汚れが取り切れていない状態になっていることに気づいている人もいるだろう。歯のすみずみまで届く歯ブラシも、口全体を殺菌するマウスウォッシュも、使ってさっぱりきれいになったはずなのに、必ず歯のどこかに少し汚れが残っている。

口の中を清潔に保つことが命題ともいえる口腔ケア用品のCMなのに、いったいなぜなのだろうか。

その理由を「CMみたいに全部取り切れないいじゃないか！」と電話をかけてくるクレーマー対策だという向きもあるが、それだけではない。

それよりも100パーセント汚れが取り除けるとアピールすることが、誇大広告とみなされることがあるからだ。消費者向けの広告でウソをつくことはもちろんアウトだが、大げさな表現も「不当景品類及び不当表示防止法」に違反する恐れがある。

「広告を見ていいモノだと思って購入したのに、違っていた」と消費者に思わせる表現は不当表示に当たり、合理的な根拠がないと課徴金が課せられることになるのだ。

〝完璧〟だと思わせてはいけないのである。

流行語大賞に選ばれるかどうかの意外な基準

毎年12月になると新聞やテレビで話題にのぼる「流行語大賞」は、1984（昭和59）年からスタートした。

これは、その年に生み出された言葉の中で最も多くの人々の支持を得たものを選んで表彰するというもので、現代を生きる老若男女がこの1年間を「言葉」で振り返ることができる師走の風物詩となっている。

しかし、誰がどのようにしてこの流行語大賞を選んでいるのだろう。まさか日本中の人に対してアンケート調査でもしているのだろうか。

じつは、流行語大賞というのは『現代用語の基礎知識』（自由国民社）の読者審査員からアンケートを募るところから始まる。

そして、そのノミネートされた言葉の中から、著名人で構成された選考委員会の面々が大賞を決めるというシステムになっている。

だから、たとえ選考委員の人たちが個人的に気に入った言葉があったとしても、それが毎年発行される『現代用語の基礎知識』に掲載されていなければ、けっして選ばれないというわけだ。

マスコミの注目度が高い流行語大賞に選ばれるためには、まず『現代用語の基礎知識』に掲載されるというハードルを越えることから始まる。ちなみに、流行語大賞の産みの親には、賞金や賞品などの報酬はない。２００４（平成16）年からは、「現代用語の基礎知識選　ユーキャン流行語大賞」と改称されている。

相撲がＮＨＫでしか放送されないのはどうして？

次から次へと不祥事が起きるのが最近の大相撲だが、優勝争いがかかった千秋楽ともなればやはり結果が気になるところだ。ついテレビのチャンネルを合わせてしまうという人も多いだろう。

ところで、大相撲中継といえば長らくＮＨＫの独占状態にある。野球やサッカーのように各局で放送してもよさそうなものだが、民放では放送してはいけない理由でもあるのだろうか。

じつは、大相撲中継が始まった１９５０（昭和25）年代当初は民放各局でも中継が行われていたのである。

ところが、同じ時間帯にどの局も同じ番組を流すことに視聴者からのクレームが増加し、さらに人気力士の低迷も重なって視聴率が下がり始めた。

こうなると民放には不可欠な存在であるスポンサーがつかない。結局、相次いで中継を打ち切ったため、最終的にはＮＨＫでしか放送されなくなったのだ。

過去にはＮＨＫのトップが民放の参入を促すような発言をしたこともあったが、特に話題になることもなくそのままにされてしまったこともある。

民放ほど視聴率を気にしなくていいＮＨＫだからこそ、大相撲中継を続けることができるというわけだ。

デビューしたてのアイドルが髪型を変えないそのワケは？

アイドルのファッションやメイク、髪型が若者に与える影響は大きいものがある。10代のころは憧れのアイドルと同一化したくて、「アイドルの○○ちゃんみたいにしてください」と美容院に行って髪型を真似したことがある人も少なくないだろう。

そのアイドル本人にとっても髪型は重要である。デビューしてしばらくは飽きたからといってコロコロと髪型を変えてはならないのである。

駆け出しのアイドルにとって何より大切なのは、まず認知度を上げること。髪型を頻繁に変えてしまうとファンに与える印象まで変わってしまい、なかなか覚えてもらえなくなってしまうのである。

このことは芸能界では常識で、タレントの所属事務所もできるだけ同じ髪型で雑誌やテレビに露出させるように心がけている。

一度、顔と名前を覚えてもらえればあとは問題ないし、ロングヘアを一転してショートヘアに変えて話題づくりもできる。

たかが髪型といっても、アイドルにとっては、これから売れるかどうかを左右する戦略アイテムのひとつなのである。

芸能レポーターが取材相手にサインをもらわないのはなぜか

テレビに出ている有名人やタレントなどを見つけた時、その人のファンならもちろんのこと、それほど知らない相手でも、とりあえず「サインしてください」と言ってみるという人も多いだろう。

こういうチャンスはめったにないし、とりあえずサインをもらって飾っておこう、友達に自慢しようなどと、いろいろな思いが渦巻くものだ。

ところで、毎日何人もの芸能人や有名人と会うのが仕事の芸能レポーターなら、サインをお願いするチャンスはいくらでもある。しかし、芸能レポーターはサインをもらわないというのが業界の暗黙のルールなのだ。

芸能人や有名人の多くはスケジュールがぎっしり詰まり、時間を管理され、多忙な毎日を送っている。芸能レポーターは、そんな厳しいスケジュールのなかで無理に頼み込んで取材やインタビューをさせてもらうことが多い。

せっかく貴重な時間をさいてくれた相手に、取材とは何の関係もないサインを頼むのはやはり礼儀知らずということになるのである。

また取材対象ではなく、たまたま街や店などで出会った芸能人や有名人にも、芸能レポーターはサインを頼まない。というのも、いざ取材になれば相手が答えづらいことを追及するのが芸能レポーターの仕事だからだ。

いつ、どんな取材をするかわからない相手にサインをもらうのは、借りをつくるようなもの。借りがあっては、追及も遠慮がちになる。だから、芸能レポーターはサインをもらわないのだ。

外から見えない記者会見の「取り決め」の謎

内閣官房長官が多くの記者たちの前で記者会見をする様子は新聞やテレビでしばしば目にする光景だ。

官房長官に限らず、むずかしい顔をした政治家たちに向かって新聞社やテレビ局などの政治記者たちが質問をポンポンと飛ばし、時には大物政治家を窮地に追い込むくらい厳しく追及するようなピリピリした雰囲気が映像を通して伝わってくることもある。

しかし、このような政治家が開く記者向けの会見では、記者側からの質問事項はあらかじめチェックを受けていることが多い。だから、記者から難問をぶつけられてしかめっ面をしているように見えても、実際は前もって答えを準備していることがあるのだ。

つまり、会見の話の流れで政治家がポロッと本音を漏らしそうになったとしても、事前に申請した質問でない限り、それ以上突っ込んだ質問をぶつけることはしてはいけないとされているのだ。

政治家に朝から晩までピッタリと張りついている番記者は別として、一般の記者クラブに在籍しているような政治記者たちにとって独自のスクープをつかむことはむずかしいのかもしれない。

アナウンサーのくしゃみはどこからNG?

放送業界にはいろいろとタブーが多い。放送禁止用語を使うことはもちろん、スポンサーの不利益になる表現などはもってのほかだ。しかも、かつては左利きのアナウンサーや、メガネをかけた女子アナもよくないとされていた時期があったという。

また、放送中にアナウンサーがくしゃみや、しゃっくりをしてはならないという〝きまり〟もある。

とはいえ、そんな生理現象を我慢するのも限界がある。特に春先の花粉症の季節になると、くしゃみや鼻水は我慢してもしきれるものではない。

今や日本人の4人に1人が花粉症に悩まされているというのだから、もちろんテレビに出ているアナウンサーのなかにも花粉症の人は少なくないはずだ。

実際、春先になると「私、花粉症なのでこの時期はくしゃみが止まらなくて困ってます」と言っているアナウンサーを見かける。

しかし、実際には彼らはそんな悩みなどないかのように番組を進行している。番組中に派手なくしゃみをしているアナウンサーなど見たことがないだろう。

それもそのはずで、アナウンサーはカメラに映っていないタイミングをうまく見計らって「クシュン！」とやっているらしいのだ。もちろん、胸元につけたマイクのスイッチはオフにされている。

テレビの向こうにいる視聴者には気づかれないところで、けっこう派手にやっているのかもしれない。

テレビの通信販売で「おまけします」とは言わないワケ

テレビに限らず、カタログやネットショッピングなどさまざまな通信販売が大流行だ。

直接商品を手にとって見たわけでもないのに、テレビの司会者から言葉巧みに商品のよさをアピールされると、つい自分も欲しくなって思わず電話をかけてしまうという気持ちもわからないでもない。

それに、ひとつの商品を買うとけっこうおまけがついてくる。電池やカバーはもちろん、パソコンだったらプリンターや周辺機器まで幅広い。

手頃な値段の小物なら「同じ商品をさらにもうひとつ」ということも少なくないので、購入者の「得した」という満足感をくすぐるのだろう。

しかしよく聞いてみると、販売商品以外に景品をつける時「おまけします」や

「この景品を差し上げます」とは言わずに「これをおつけします」と言っている。

これは「ワンプラスワン」という演出手法で、商品をもう1つプラスして値段を据え置きにするオファーなのである。

また、司会者が「おつけします」と連呼するその訳は、商品を販売する時に景品やおまけを不当に多額のものにするのを禁じている「景品表示法」といううきまりがあるためだ。

本当なら「これらを景品として差し上げます」と言いたいところだが、それらが多額なものになると、通販業界では「おつけします」と言ってセット販売のような手法をとらざるを得ないというわけだ。

だから、豪華な景品になればなるほど司会者の口からはけっして「おまけ」「景品」という言葉は出ないのだ。

\ Step /

5

日本人なら覚えておきたいニッポンの掟

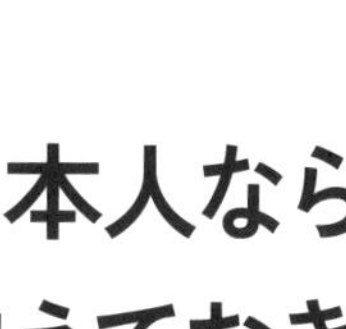

神社とお寺で違う参拝のルールとは？

初詣、七五三、厄除けなど、人生の節目や観光などで訪れる神社仏閣だが、そこが神聖な場所であることは意識しなければならない。

参拝する時には何となく賽銭を投げて、何となく願いごとをするという人も多い。そこで、神社仏閣の一般的な参拝ルールについて今一度、整理しておきたい。

まず、神社だが、そこに祀られているのは神だ。神道の施設である神社は、神が住み、その神に参拝する場所だ。

一方の寺は仏教の施設で、仏像を安置している。僧侶が暮らし、修行する場所だが、現在では参拝の対象になっている。

神社も寺も、まず参拝者が自らを清めることから始める。多くの場合は手水場が設けられているので、手や口を清める。ただし、コロナ禍を経て、一般の参拝者についてはこのプロセスが省かれているところも多い。

いざ参拝という段階では、神社と寺では明確な違いがある。

神社では、①賽銭箱に賽銭を入れる、②鈴を鳴らす、③二礼二拍手、④祈る、⑤最後に一礼する、という順番だ。

寺の場合は、①賽銭箱に賽銭を入れる、②鰐口《わにぐち》があれば鳴らす、③胸の前で合掌、④祈る、⑤最後に一礼する、となっている。

基本的な作法を知っていれば、子どもたちや海外からの観光客など、誰に聞かれても自信を持って答えられるに違いない。

京都に見られる古都のしきたり

海外からの観光客でごった返す京都には、古都ならではの古くからのしきたりが存在する。部外者にはわかりにくいものも多いが、それが古都の魅力に映る場合もある。代表的なものをいくつかあげてみよう。

たとえば、京都の代表的な祭りのひとつである祇園祭の期間中には、「キュウリを食べない」というしきたりがある。これは、八坂神社の紋がキュウリの輪切りに似ていることによるものだという。

また、堀川一条にある一条戻り橋には、平安時代に活躍した陰陽師の安倍晴明が式神を封じ込めたという伝説がある。あの世とこの世をつなぐともいわれている場所だ。京都の婚礼では、この橋を渡ると「嫁ぎ先から戻って来る」ことになるとして、花嫁はこの橋は通らないという。

あるいは、毎年8月15日に行われる五山の送り火では、東山に浮かび上がった大の字の送り火をお猪口《ちょこ》や盃の酒に映して飲むと、無病息災のご利益があるという。

古都ならではの歴史としきたりを知れば、京都観光が何倍にも楽しめることは間違いない。

教会での結婚式に紫色の服はタブー

教会で挙げる結婚式は今も昔も人気がある。牧師の前での永遠の愛の誓いは、特に女性には憧れだろう。しかしいうまでもなく、本来はキリスト教の洗礼を受けた人のみが行うのが教会での結婚式だ。

そこで、キリスト教徒ではないカップルが式を挙げる場合には、事前にキリスト教における結婚や夫婦の考え方を簡単にレクチャーする教会もある。形だけではなく、そこに流れるキリスト教の精神を大切にしているわけだ。

そんな教会での結婚式だからこそ、列席者の衣装にもひとつのルールがあることをご存じだろうか。

礼服であれば問題はないし、また「平服でお越しください」と案内状に書かれてあれば、ふつうのスーツでも問題はない。ただし注意したいのは、紫色の服だけは避けるということだ。

紫色は、キリスト教では「葬儀の色」とされている。教会で死者に別れを告げる時に着るのが紫色の服なのである。そんな色の服を結婚式で着ては大変なことになる。

「自分はキリスト教徒ではないのだから、キリスト教のルールは関係ない」と考えるのではなく、教会で式を挙げる2人の気持ちを大切にして、紫色の服だけは着ないようにしたいものだ。

弔問の時、けっして言ってはいけないひと言

結婚式や披露宴のスピーチで「別れる」や「切れる」という言葉を使わないというのは、多くの人が知っているマナーのひとつである。

さらにお通夜や告別式で、遺族にお悔やみの言葉を伝える時や弔意の手紙を送る場合にも、けっして使ってはいけない言葉がある。

「くれぐれも」「皆々様」「たびたび」などの重ね言葉がそれで、遺族に対してこれ以上の不幸が重なるような印象を与えてしまうので、忌み言葉といわれているものだ。

だから、いくら故人と親しくしていたからといって、落ち込んでいる遺族を慰めたい一心から「皆々様には、くれぐれもお力落としのないように…」などと言ってしまうと、その場で大ひんしゅくを買ってしまうので気をつけたい。

また、意外と口に出てしまいがちなのが「大往生」や「天寿をまっとうした」という表現だ。

これは、あくまでも遺族が使う言葉であって弔問客が口にするものではない。たとえ故人が100歳で安らかな死を迎えたとしても「大往生ですね」などと言ってはならないのだ。

恥ずかしい思いをしたくなければ、神妙な顔をしながら遺族に向かって「このたびはご愁傷様です」「突然のことで…」「お悔やみ申し上げます」とモゴモゴ言っているだけのほうがいいのかもしれない。

お線香の火を口で吹いて消してはいけない理由

最近は葬送のカタチも変わって、一般の家庭には立派な仏壇があるところも少なくなったが、しかし田舎などに行くと、毎朝仏壇に線香をあげる習慣が残っている家も少なくない。

先祖を大切に思う気持ちは、けっしてすたれるものではないのだろうが、仏壇に欠かせないのが線香だ。

最近はいろいろな香りの線香ができていて、好きなものを選べるようになっている。また線香の匂いが嫌いな人や、狭い住宅に住んでいる人のために匂いがほとんどしないものや、煙の少ない線香もある。

ところで、どんな線香の場合も守らなければならないのが火のつけ方の手順だ。まずローソクに火をつけて、そのローソクの火で線香に点火するのが正しい。

この際に忘れてはならないのが、線香の火もローソクの火も、口で吹いて消してはならないということだ。

人間の口は、災いのもとである。口から出た言葉によって悪いことが起こる。人が悪行を犯す時も、やはり口が大きな役割を果たす――。そんな穢れの多い口で線香やローソクの火を消してはならない、というわけだ。

線香やローソクの火は手であおいで消すようにするというのは、先祖を大事に思う行為のひとつでもあるのだ。

お見舞いに持っていってはいけないモノ

病気やケガで入院している知り合いを見舞いに行く時、病室は殺風景だろうからと花を持っていく人も多い。

ただし、この時に気をつけたいことがある。鉢植えの花はお見舞いにはタブーなのだ。なぜなら鉢植えは、植木鉢の中に根から植えられているために「根がつく↓寝つく」という言葉につながり、入院が長引くことを連想させるからだ。

どうしても花を持っていきたいなら花束か、花屋でアレンジしてくれる花籠などにしたい。

ただし、花のなかにも避けたほうがいいものがある。「血」の色である赤い花や、葬式を思い出させる白い花はやめたほうがいいのだ。

菊の花はいうまでもないことだが、椿などポトンと落ちる花も病室には不向きだ。入院中の人の目の前で花が落ちたらいい気持ちはしないだろう。シクラメンも「死」

「苦」という文字を連想させるから禁物だ。

また、匂いのきついものや毒のある花も避けたほうがいい。病気やケガで療養している人が大勢いる場所では不謹慎だし、迷惑になる。

もうひとつ気をつけたいのは、花束で花を持参する場合、4、9、13など不吉な本数にならないようにすることだ。もちろん、あまりにも花が多いと世話が面倒なので相手の負担になる。これらの本数を避けて、ちょうどいい花の数を考えるようにするといい。

せっかく見舞いに行くのだから、相手を気遣い、元気づけるものを贈りたい。

乾杯する時、左手でグラスを持ってはいけないのはなぜ？

乾杯する時、どちらの手でグラスを持てばいいのか迷うことがあるが、いったいどちらの手を使うのが正しいのだろうか。

答えは、右手が正しくて、左手で持つのはマナー違反になる。これには、中世ヨーロッパの時代背景がある。

当時のヨーロッパでは覇権争いが繰り広げられていたが、相手をおとしめるための方法として毒殺があった。

当然、右手は武器を持つ手であり、その右手にグラスを持つのは、「私は武器など持っていないし、あなたに対して敵意はない」「毒は盛っていない」という気持ちを示すことになるのだ。

ちなみに、ほかの人と「チン」とグラスを合わせる必要はない。これはあくまでも気分の問題なので、乾杯のマナーとしてはグラスを目の高さくらいまで持ち上げるだけで十分なのだ。

器を右手で持つのは和食の場合も同じだ。日本酒を人から受ける場合は、右手で盃を持ち、それに左手を添えるようにするのが礼儀である。

ただし、これが手酌でひとり酒となると事情は違う。右利きの人であれば、右手で酒の瓶や銚子を持って左手でグラスや猪口を持つのが自然なので、当然そうする人が多い。

そのほうが持ちやすいから、というのも大きな理由だが、じつはここにも「武器」が出てくる。

かつて武士が跳梁跋扈《ちょうりょうばっこ》していた戦国時代、侍が酒を飲む時は左手に器を持った。刀を握る右手は、いつ敵に襲われてもいいように空けておく必要があったからだ。

武器を持っていないことを示すために右手にグラスを持つ西洋人、いつでも右手で武器をとれるように左手に器を持つ日本人。これもまた、文化の違いなのだ。

こんな日はお葬式をやってはいけない

結婚式を挙げるのに仏滅は避けるというのは、多くの人が実践していることだ。同じように、葬式を行うのは避けたほうがいい日というのもある。友引だ。

友引は、中国の陰陽道という暦法での「六曜」（先勝、友引、先負、仏滅、大安、赤口）のひとつだ。

この「友引」という言葉を「友を引く」と考え、友引に葬式を出すと、友も同じように死の世界に引いていかれるという理由から、葬式には向かない日とされるようになったのだ。

ところが、本来「友引」の意味は、「あい引きで勝負なし」、つまり「ともに引き分け」という意味である。友引を友を引くと解釈したのは、日本人独特の語呂合わせに過ぎず、いわば思い込みや迷信のようなものなのだ。

しかし、いつの間にかそれが定着してしまい、実際に友引には葬式を避けるようになった。迷信に過ぎないのなら友引に葬式をしてやれ、という人もいるだろうが、もちろんそれでも何の問題もない。

ただし、この間違った思い込みが広まったために、今は友引の日は休みにしてしまう斎場や火葬場も多い。その反動で、友引の翌日は混雑しているところが多い。

やはり、古くからの習慣には従わざるを得ないようだ。

箸の使い方
気をつけなければいけない

箸にまつわるマナーはいろいろある。

たとえば、箸でつまんだ食べ物を別の人の箸に渡すことは絶対にやってはならない。その理由は、肉親の葬儀を経験したことのある人ならわかるはずだ。

火葬場で故人を焼いたあとは、近しい人によって骨を拾い、そのひとつひとつを骨壷に入れていくのが習慣だ。その時、2人の人がそれぞれの箸を使ってひとつの骨を拾うことになっている。

これは実際にやってみると意外とむずかしくて、2人が息を合わせて慎重にやらなければうまくいかない。いずれにしても、ひとつのものを2人の人が同時に箸でつまむという行為は葬儀に関連したものである。

それを、食事の時にするのはいかにも縁起が悪い。食事中に葬儀のことを思い浮かべるような行為はやはり慎むべきなのだ。

縁起の悪い理由で結婚式の出席を断る時はどうする?

金色や鶴、寿といったおめでたいシールが貼られた少し厚めの封筒が届いたとしたら、それはほぼ間違いなく結婚式の招待状だ。

世の中が晩婚の傾向にあるとはいえ、やはり仲間うちでは20～30代前半くらいにいわゆる「結婚ラッシュ」なるものが一度はあるはずだ。

結婚式や披露宴の招待を受けたら、よほどのことがない限り出席したいところだが、時には運悪くその「よほどのこと」と重なってしまうこともある。

特に弔事と慶事が重なった時は弔事が優先となるため、結婚式のほうは欠席せざるを得ない。

こういう場合、招待状の返信に欠席の理由は正直に書いてはいけない。どんなに親しい間柄であっても、おめでたい行事で弔事という言葉を出すのはやはり不吉だからだ。

返信のはがきには「やむをえない事情がありまして」や「はずせない用事のため」などと、言葉を濁して欠席理由を書き添えるのが無難である。

実直な人ほど、こんな曖昧な理由はかえって失礼だと思いがちだが、相手もこう書いてあればなんとなく察するもの。心配は無用だ。

お茶とお菓子、どっちを先にいただくのが正しい？

お茶にお菓子はつきものだが、甘いものは苦手という人のなかには、お茶だけいただいてお菓子に手をつけない人もいるだろう。

しかし、もしきちんとした茶席に招待された場合は、まずお菓子に手をつけるのがマナーだ。いくら甘いものが苦手でも、抹茶をいただく席でお菓子を食べないのはマナー違反になる。おいしくいただくようにしたい。

茶席では、ひとつの鉢に全員分のお菓子が盛られて出されることが多い。その鉢がひとりひとりに回されるので、自分のところに回ってきたら、あらかじめ準備しておいた懐紙を取り出して畳の上に置き、その上に箸でお菓子をひとつ乗せて鉢を次の人に回すのだ。

それからお菓子を食べるわけだが、生菓子であれば楊枝で食べやすい大きさに切っていただく。その際、注意したいのが、お菓子を十文字に切らないことだ。ちなみに、懐紙をみぞおちの高さに保って、その姿勢で食べると見た目も品よく食べることができる。

干菓子《ひがし》の場合は素手で取り上げて食べやすいように割り、そして懐紙をみぞおちまで持ち上げてからつまんで食べるといい。

こんな作法をいちいち考えていては、緊張してしまってせっかくのお菓子の味もわからない、などと言わないで、これもまた抹茶を味わう席のマナーとして身につけておきたい。

甘いものが苦手だからといって、「遠慮します」は通用しないのだ。

懐石料理の蓋はひっくり返して置いていい？

四季折々の食材や風流な盛りつけだけでなく、器の美しさも楽しみたいのが懐石料理だ。

しかし、日頃から高級な器に接していないとその扱いに戸惑うことになる。蓋つきのお椀や小鉢などは、はずした蓋をどのように処理したらいいか悩む人もいるのではないだろうか。

たとえば、茶碗蒸しや炊き合わせなどに使われる「塗り蓋」は、内側についた雫が垂れないようにひっくり返して置いてもいいのだが、吸い物などで出される表面に美しい塗りがほどこされている「塗り蓋」の場合は、ひっくり返して置いてはいけない。

なぜなら、ひっくり返すことで表面の美しい塗りを傷つけてしまう恐れがあるからだ。

では、どうすればいいかというと、手持ちのティッシュやナプキンなどで蓋の裏側についた水滴をたたくようにして吸い取り、器の向こう側に立てかけるか、脇に伏せておく。こうすれば表面の塗りを傷つけることもないし、料理をいただきながらその美しさを愛でることもできるのである。

こうした動作は身についていないとなかなかスムーズにはこなせないが、それでも知ると知らないでは大違い。いざという時のために覚えておいても損はないだろう。

使用後のトイレットペーパーの三角折りはもはや過去のマナー

公共施設のトイレに行くと、トイレットペーパーの切り口が三角に折られていることがあるが、これはもともと清掃担当者が「清掃完了」の目印として始めたらしい。

それがいつの間にか他者への配慮のマナーとして伝わったのか、たまに一般の人でも使用後にわざわざ切り口をきっちり三角に折って出てくる人がいる。

しかし最近では、これは要らぬ気遣いどころか、むしろ絶対にやってほしくないNG行為として敬遠されている。

その理由は、折るまでの行動をイメージすればすぐわかる。その丁寧とされる行為は、ペーパーを使用した直後の、洗っていない手で行われているからだ。

生理的に汚いと思うのは当然であると同時に、実際、感染症予防の観点からみてもよくない行為とされるのは納得である。

そもそも誤ったマナーが広まってしまったという話なのだが、そのせいか、最近では清掃員でもあえて三角に折らないケースも増えてきた。

〝目印〟がなくなったという点では不便だが、清掃員の手間がひとつ減ったと考えれば、ポジティブなアップデートといえるかもしれない。

客室の布団をきれいに畳むのがNGの理由

「来た時よりも美しく」という言葉があるが、多くの人が公共の場で使用したものを片づけてゴミを残さないのは、子どものころから日本人に刷り込まれてきた道徳観の賜物である。

旅館やホテルの客室でも、退出時に室内をきれいに整頓し、布団やタオル類を入室時の状態に戻す人が多いのも日本人の特徴だ。だが、これはスタッフからするとあまり喜ばれない行為である。

基本的にホテルや旅館は、客がチェックアウトしたら真っ先に忘れ物がないかどうかを確認し、次にシーツや枕カバー、タオルをすべて入れ替える。

だからこそ、布団などをきっちり畳んで押し入れにしまわれてしまうと、それだけスタッフの手間が増えてしまうのだ。

タオル類も汚れ物とそうでないものの区別がつきにくくなるので、使用済みのものはまとめて洗面所やバスタブに放り込んでおくほうがいいのだ。

どうしても見苦しいのがいやなら、布団もタオルも軽く畳んで隅に寄せる程度でいい。宿ではこれが〝相手を思いやるマナー〟なのである。

座布団の上に立ち上がるのがとんだ不作法になるのは？

日本の住居スタイルはすっかり西洋化されているが、やはりひと間でも和室があると心がやすらぐものだ。特に冬暖かくて夏涼しい畳の感触は、日本人のみならず外国人にもすこぶる快適と評判だ。

さて、そんな畳の和室には座布団がつきものだが、近頃では座布団に接する機会もめっきり減ってしまった。そんな事情もあってか、座る際に堂々と足で踏んづけてから腰を下ろす人も珍しくない。

これは、うるさ型のお年寄りでなくとも、思わず口をあんぐりと開けてしまうほど不作法な行為だ。

知らない人のために言っておくと、基本的に「座布団の上にはけっして立つべからず」というのが昔からのお約束である。座る時もはずす時も、「にじる」ように膝をずらすのが正しい振る舞いなのである。

たとえば仕事の接待や親戚の法事など、大勢の人が集まる席で座布団に座る機会はけっして少なくない。気がついたら自分だけ赤っ恥をかいていたなんてことにならぬよう、最低限のタブーはおさえておこう。

恥をかかないために知っておきたい手紙のきまりごと

いまではすっかりメールが主流になってしまったが、そんな時代だからこそ、たまには手紙を出すという人もいるはずだ。そこで、手紙にまつわる約束事をおさらいしておきたい。

たとえば、あらたまった内容の手紙を送る場合には便箋も封筒も白地のものを使うのが基本である。

罫線の入っていない便箋にするか、入っていても薄くて目立たないものにするといい。

また、目上の人に出す手紙は長封筒でも角封筒でもいいが、模様の入ったものは避けて無地のものにする、なども知っておいたほうがいい。

ところで、封筒の使い方でつい忘れがちなのが、二重封筒を不祝儀に使うのはタブーということだ。

長封筒でも角封筒でもかまわないが、しかし二重封筒だけは避ける。というのは、「二重」ということから「不幸が重なる」と受け取られるからだ。

なお、不祝儀の場合は、長封筒でも角封筒でも表書きは必ずタテ書きにする、という約束事も忘れないようにしたい。

絶対にやってはいけない重箱の扱い方

正月のおせち料理を詰めたり、花見や運動会のごちそうを詰める重箱。ふだんは滅多に使わない〝容器〟だが、いざという時は、やはり重箱でないと格好がつかない。重箱にぎっしり詰められた料理は、その場を華やかに盛り上げてくれる。

ところで、もともとは神前に供える特別なごちそうを詰めるものだった重箱が、一般の家庭で使われ始めたのは江戸時代からだといわれている。それ以降も神聖なものにはかわりなく、料理の詰め方にもルールがあった。

本来の重詰は四段とされ、一の重は三つ肴などの「祝い肴」、二の重はきんとん、伊達巻など甘味のついたものを入れる「口取り」、三の重は海の幸を入れる「鉢肴」、そして四の重は山の幸を入れる「甘煮」。これが正式な順番だ。

とはいえ、地域や世代によって少しずつ違うところもあり、今は三段が一般的となっている。

また、詰め方にもいろいろある。隙間ができないように料理をぎっしり並べるのが基本だが、たとえば種類や色が違う料理を交互に並べる「市松」や、五目状に取り混ぜる「乱れ盛り」などで重箱の中をにぎやかにすることが大切だ。

もちろん、やってはならないこともある。

ほかの料理と味が混じらないように、特定の料理だけを小さな器に入れて、その器ごと重箱に入れることがある。なかには最初から小分け用の器を入れて売られている重箱もある。

ただし、これは重箱の正式な使い方としてはNGになる。本来は、とても神聖な器である重箱に別の器を入れてはならないのだ。

郷に入っては郷に従え 世界各国のタブー選

国が違えば文化や風習が違うのは当たり前で、タブーとされる行為も千差万別だ。旅先で無用なトラブルに巻き込まれないために、あらかじめ現地の習慣を頭に入れておきたい。

日常生活のささいな行為のなかにもタブーが存在する。たとえば、ヨーロッパでは鼻をすするのはかなり不快な行動だ。そんな時には、化粧室などで鼻をかんだほうがいい。

また、公共の場所で靴を脱ぐのは失礼になる。スリッパや室内履きはあくまでもプライベートな場所に限って履くようにしよう。

どんな国でも、ほめ言葉として目の色や肌、顔立ちなどについて触れて何か言うのはかなりリスクが高い。ほめ言葉のつもりでも相手を怒らせたり、周囲から常識のない人と思われてしまうからだ。どうしても言及したければ、たとえば持ち物や洋服などをほめるのがいいだろう。

ほかにも、イスラム圏では食事の時に左手は使わないことや、中国では料理を少し残すのがマナーだし、宗教施設では肌を露出する服装を避けるなど、ささいなことにも国ごとのルールがある。

郷に入っては郷に従えの精神で、しっかりと下調べをしてから訪れるようにしたい。

おしぼりでテーブルを拭いてはいけないのはなぜ？

居酒屋で出されたおしぼりで顔や首筋を拭くのは女性が最も嫌う行為のひとつだ。だが、最近では「それでも気持ちがいいものは気持ちがいい」と開き直り、女性たちの冷ややかな視線にもめげずにゴシゴシとやる人も多い。

これがタブーかといわれれば微妙だが、見ていてスマートではないことはたしかだ。本来、おしぼりとは「手を拭くためのもの」なのだから、顔や首筋まで拭くのはやり過ぎということになるのだろう。

ただ、これがもしタブーというなら、もうひとつ、おしぼりで拭いてはいけない場所がある。それはテーブルだ。

グラスから垂れた雫や、ちょっとした食べ物の汚れなどは、近くにおしぼりがあればササッと拭いてしまったりするが、しかし繰り返すと、おしぼりは手を拭くためのもの。これも立派な不作法なのである。

とはいうものの、この行為は男女を問わずやる人はやる。時と場合と相手に応じてというところかもしれない。

めでたい席ではどうして桜茶?

結納や結婚式などお祝いの席だけで出される飲み物といえば桜茶だ。桜の花を塩漬けにしたものを湯飲みに入れ、湯を注ぐとピンクの花がふんわりと開いて華やかさがいっそう増す。

ふだんなら、来客があった時に出す飲み物は、緑茶かコーヒー、紅茶などが一般的だ。なかでも緑茶が苦手という日本人は少ないので、緑茶を用意しておけば急な来客でもとりあえず対応できる。

ただし、結納や結婚式などのお祝いの席では緑茶を出すのは縁起が悪いとされている。その理由は「緑茶は濁る」からだ。都合の悪いことを適当にごまかす時に使われる「お茶を濁す」などを連想させることもあって、めでたい時に濁りのあるものを出すのは無礼だというわけだ。

そこで、濁りがなく華やかな桜茶が使われるのである。

桜茶は名前に「茶」がついているものの、緑茶に含まれるカフェインやタンニンなどの成分はなく、ほのかな桜の香りと塩味がある。湯の中で花びらが開く様子はめでたい席にはぴったりだ。

また、桜茶ではなく昆布茶が出てくる場合もあるが、こちらも「よろこぶ」にかけた縁起物なのだ。

目上の人を立たせてはいけないのは右か左か

外資系企業に勤める人ならば、新しい上司に外国人が就くシーンは珍しくないが、いくら会社が外資系でも社員全員に国際的なビジネス感覚を求めるのは無理な話だ。

仮に外国語が話せたとしても、立ち居振舞いなどに関する国際的なスタンダードまでも身につけるのはそう簡単ではない。

たとえば、立ち位置ひとつとっても日本と海外のそれとは異なってくる。

おおまかにいえば日本では「左上位」が主流だが、世界的には「右上位」がスタンダードだ。つまり記念撮影や式典での並びで、日本では目上の人やVIPを左に置こうとするが、海外ではそれは礼を欠いた行為となってしまうわけである。

我々日本人はそうでもないが、外国人は立ち位置に関しては非常に気を使う。新しくやってくる外国人上司の機嫌を損ねないためにも、いつも以上に気を配っておくといいだろう。

■参考文献

『タブーの事典』(フィリップ・トーディ/井上廣美訳/原書房)、『ど忘れマナー・エチケット事典』(全教図/大阪人文社)、『メジャーの掟』(水次祥子/太陽出版)、『図解入門 ビジネス最新食品販売の衛生と危機管理がよ〜くわかる本』(河岸宏和/秀和システム)、『接客の教科書』(成田直人/すばる舎)、『飲食店の接客サービス完全マニュアルBOOK』(赤土亮二/旭屋出版)、『売り場の教科書』(福田ひろひで/すばる舎)、『陳列の教科書』(鈴木あつし/すばる舎)、『爆笑列島「日本の謎」』(千石涼太郎/朝日ソノラマ)、『業界用語のウラ知識』(シャーゴン・アカデミー/新潮社)、『日本人の祈り こころの風景』(中西進/冨山房インターナショナル)、『知識ゼロからのメジャーリーグ入門』(佐々木主浩/幻冬舎)、朝日新聞、日本経済新聞、読売新聞、夕刊フジ、日刊ゲンダイ、ほか

(ホームページ)

参議院、経済産業省、東京都消費者生活総合センター、日経トレンディネット、消費者庁、JSPORTS、goo大相撲、YOMIURI ONLINE、日本製薬工業協会、外務省、歯みがき類の表示に関する公正競争規約、環境省自然環境局、楽天カーシェア、ビジネス+IT、シェーン英会話、Yahooニュース、モノプロランド、千代田区、メルカリ、農林水産省、マイナビニュース、ミライのお仕事、産経新聞、JAFMate、ベストカーWeb、PC-Online games、HUFFPOST、おまかせ京都、THEGOLDONLINE、テレ朝ニュース、livedoorニュース、PRESIDENTWOMAN、トランスシステム、ほか

※本書は、『知らないとマズい暗黙の掟』（小社刊／２０１４）、『外から見えない暗黙の掟』（同／２００５）に、新たな情報を加え、改題の上、再編集したものです。

青春文庫

世《よ》の中《なか》は、「暗黙《あんもく》のルール」に満《み》ちている

2024年 6 月20日　第 1 刷

編　者　㊙情報取材班《まるひじょうほうしゅざいはん》

発行者　小澤源太郎

責任編集　株式会社プライム涌光

発行所　株式会社青春出版社

〒162-0056　東京都新宿区若松町 12-1

電話 03-3203-2850（編集部）

03-3207-1916（営業部）

振替番号　00190-7-98602

印刷／大日本印刷

製本／ナショナル製本

ISBN 978-4-413-29854-4